戸塚刺しゅう × 星燈社

星あかりの刺繍手帖 2

額「十二花譜」
how to make p72

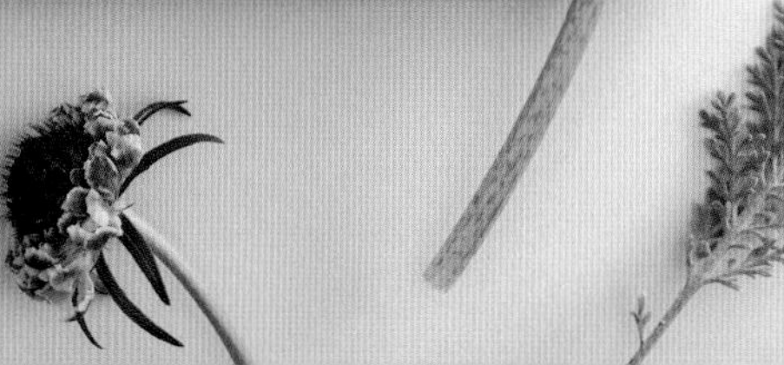

戸塚刺しゅう × 星 燈 社

星あかりの刺繍手帖 2

はじめに

「星燈社(せいとうしゃ)」のやさしい図案を刺しゅうで表現した、「星あかりの刺繍手帖」の第２弾です。
日本の四季から生まれる手描きならではのゆるやかな図案は、一針一針、心を込めて仕上げる刺しゅうとよく馴染みます。
図案を写して表情をそのままに刺していく「自由刺し」と、布目に沿って刺しゅう独自の表現にした「地刺し」の２種類を紹介しています。
難しいステッチは使っていないので、刺しゅう初心者の方にもお楽しみいただけます。
お気に入りの図案を選び、額に仕立てたり、小物にあしらい、素敵な作品に仕上げていただけたら幸いです。

「地刺し®」は戸塚刺しゅう研究所の登録商標です。

星 燈 社

SEITOUSHA

since 2009

星燈社は、2009年にスタートした
「今の暮らしに馴染む、日本の衣食住」を
提案するブランドです。

星あかりのようにさりげなく日々に寄り添う
暮らしの脇役でありたいと考えています。

ホームページ　https://seitousha.ocnk.net/

contents

自由刺しのサンプラー

地刺しのサンプラー

がま口「むくげ」

how to make p82

がま口「押し花」

how to make p83

巾着袋「こはる」

how to make p90

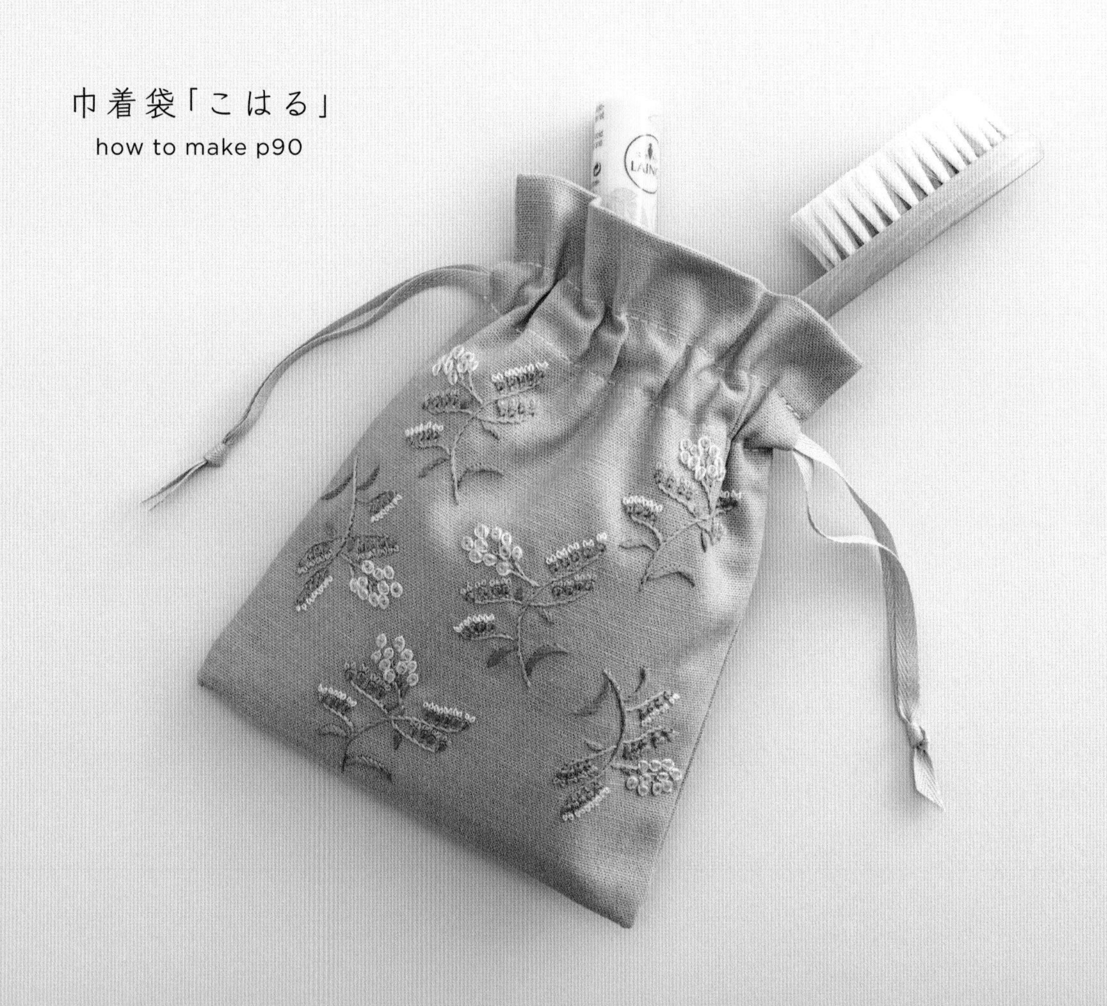

巾着袋「すずらん」

how to make p91

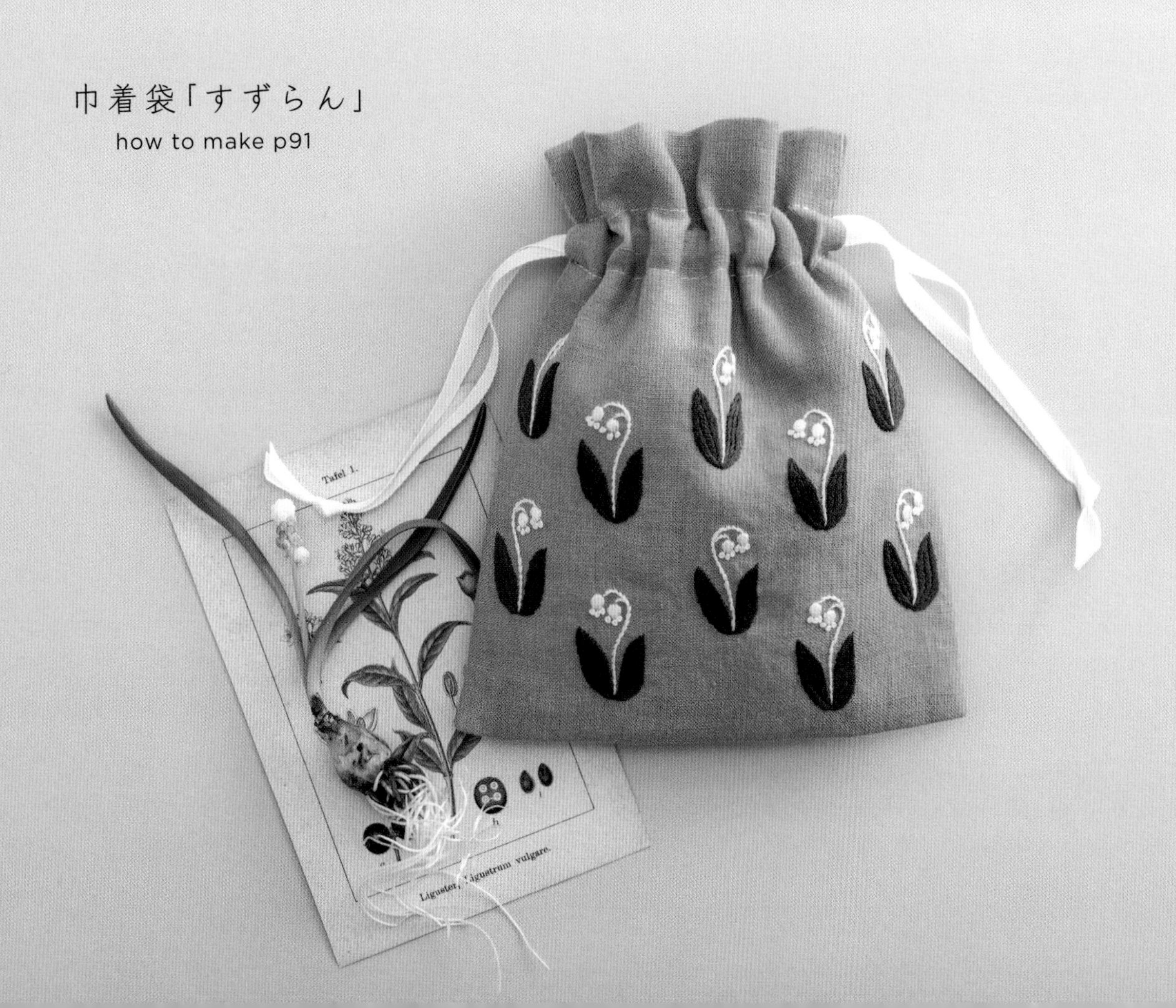

小物入れ「木いちご」

how to make p85

小物入れ「はこべ」

how to make p86

ミニバッグ「夜想曲」

how to make p94

ポーチ「十二花譜」

how to make p96

ブックカバー「雪夜」
how to make p88

ブックカバー「ゆきだま」
how to make p89

タオルハンカチ「はなます」

how to make p87

タオルハンカチ「音色」

how to make p87

額「線画」

how to make p74

額「つぐみ」

how to make p71

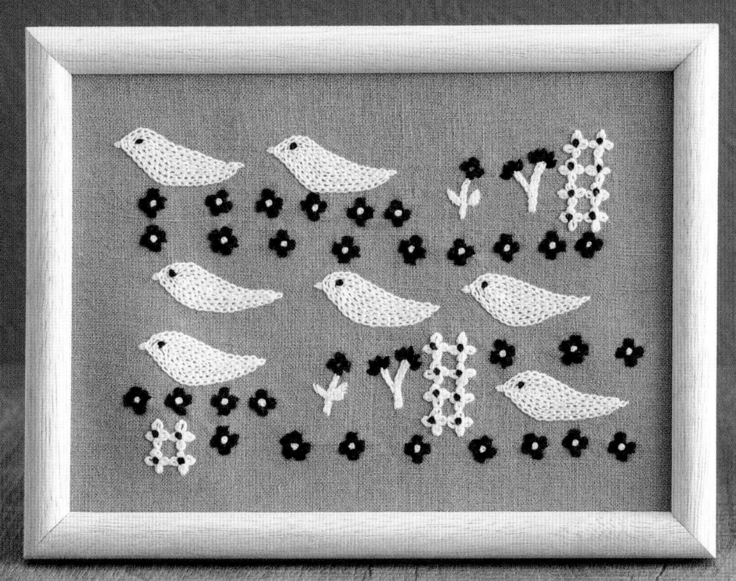

がま口「野花刺繍」

how to make p98

野花刺繍

how to make p53

一針一針刺しゅうをするように、心のままに線を辿るうちに生まれた花。

むくげ how to make p54

あでやかで強く見えるむくげにも、
繊細さが隠れているように感じます。

こはる how to make p55

遅い春がやってきた北国の野道で見つけた小さな花。

うたかた　how to make p56

摘むとすぐに萎れてしまう小花の儚い可愛らしさを描きました。

押し花 how to make p57

草花の時間を止めて平面の作品にする
押し花作りは、着物の模様を描くこと
によく似ています。

はこべ how to make p58

春の訪れを告げる、小さな花。

木いちご

how to make p59

藪の中にひっそり生える木いちごを描いたら、千代紙のような雰囲気になりました。

音色 how to make p60

重なり合う音色を花にたとえて描きました。

はなます how to make p61

北国の野に咲く、はまなすの花。

旅路　how to make p62

旅空の鳥たちを見上げたときの情景。
旅立ちと別れがテーマです。

あまつぶ how to make p63

how to make p63

軒下から眺める長雨の風景。

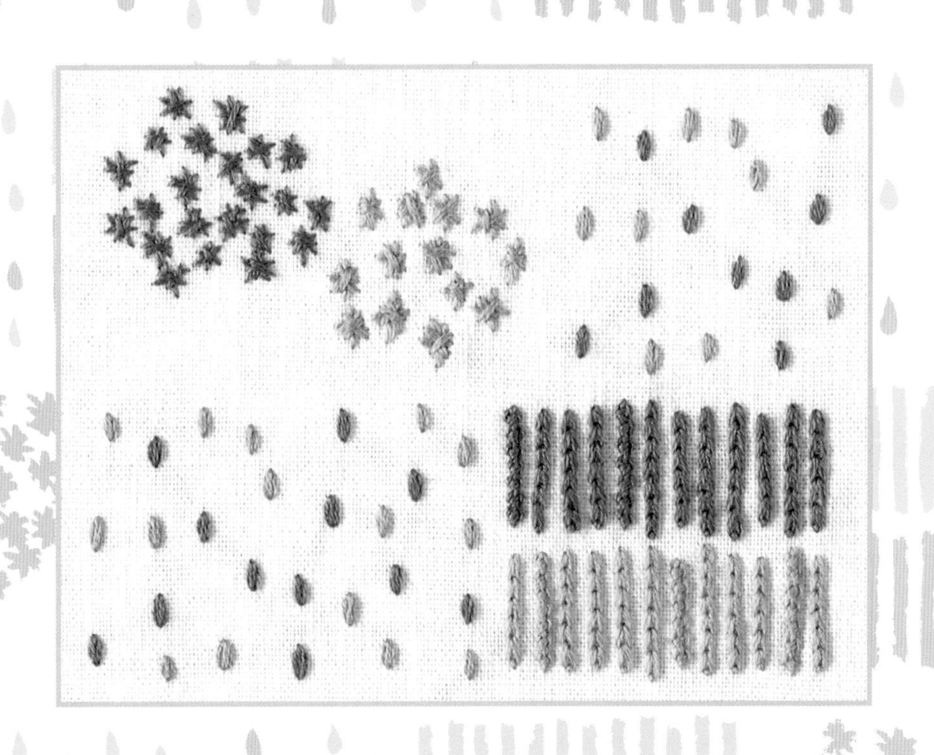

木の実 how to make p64

道端にどんぐりが落ちる頃、冬の足音が聞こえてきます。

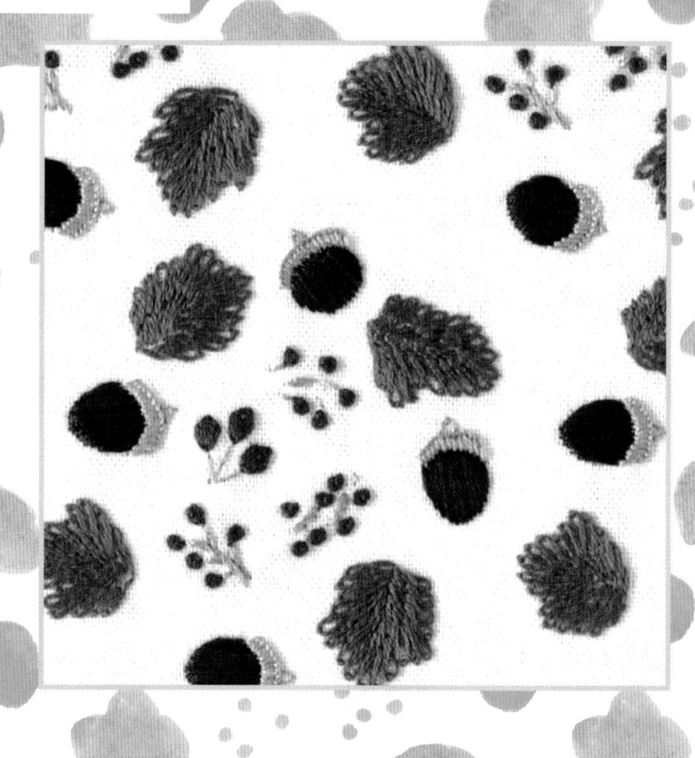

ひめりんご how to make p65

寒空の下で元気に走り回る子どもたちの姿を、
ひめりんごの実にたとえて描きました。

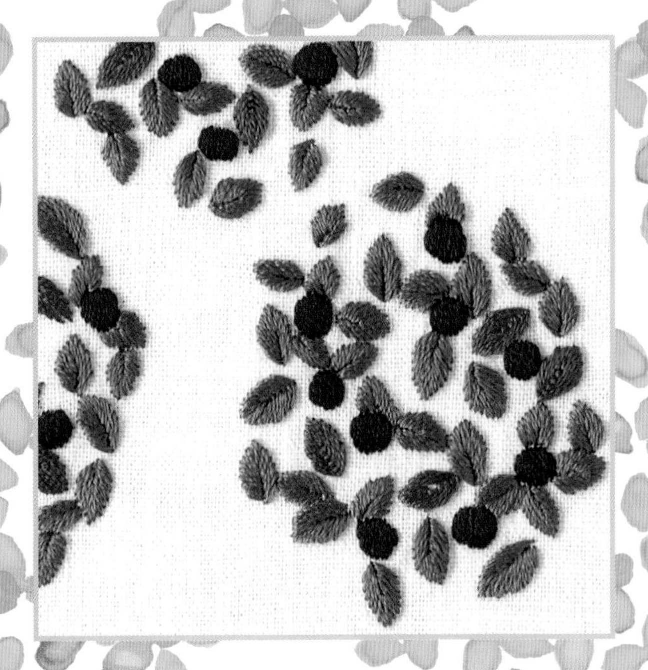

朝顔　how to make p66

how to make p66

真夏の早朝、つかの間の涼しさを届けてくれる朝顔の花。

どくだみ　how to make p67

道端で強く可憐な花を咲かせるどくだみ。

すずらん

how to make p68

可憐なすずらんを、
クラシカルに描きました。

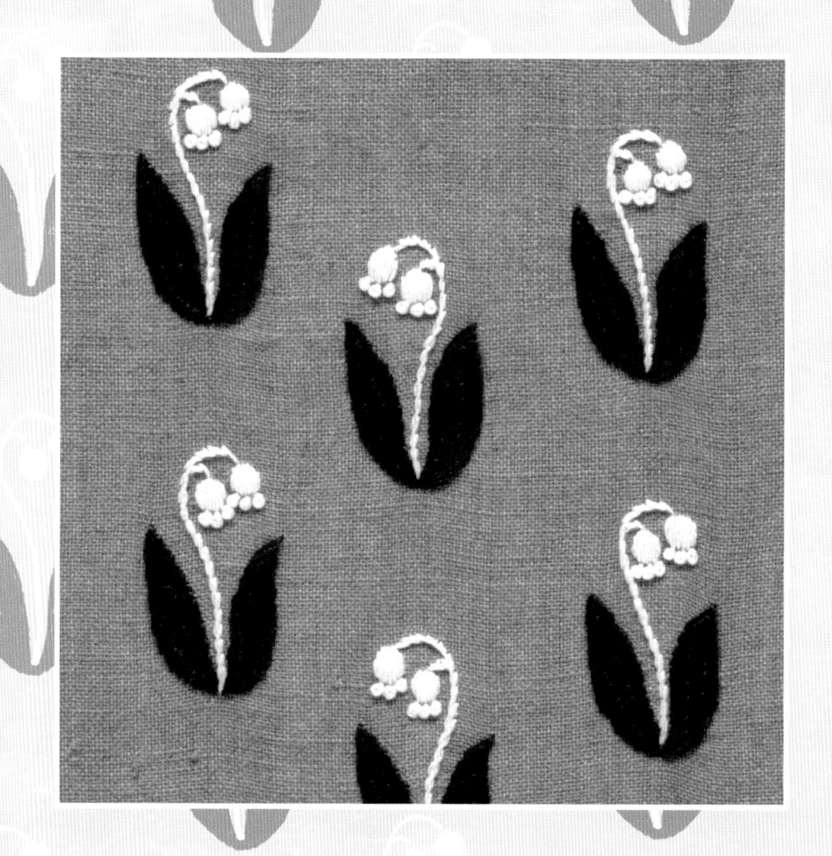

さざめき

how to make p69

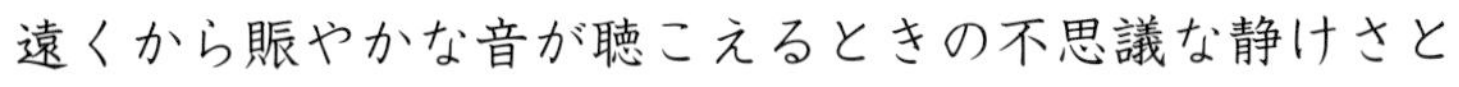

遠くから賑やかな音が聴こえるときの不思議な静けさと
賑やかな場所にいるときにふと感じる寂しさを描きました。

休日　how to make p70

晴天の休日には、野花たちも大きく伸びをしているように見えます。

つぐみ

how to make p71

花と実をついばむ、つぐみ。

夜想曲

how to make p72

真夜中の静寂に寄り添ってくれる音楽を表現しようと描いた図案。

十二花譜

how to make p72

星燈社が描いてきた図案の中から選んだ、12種類の花。

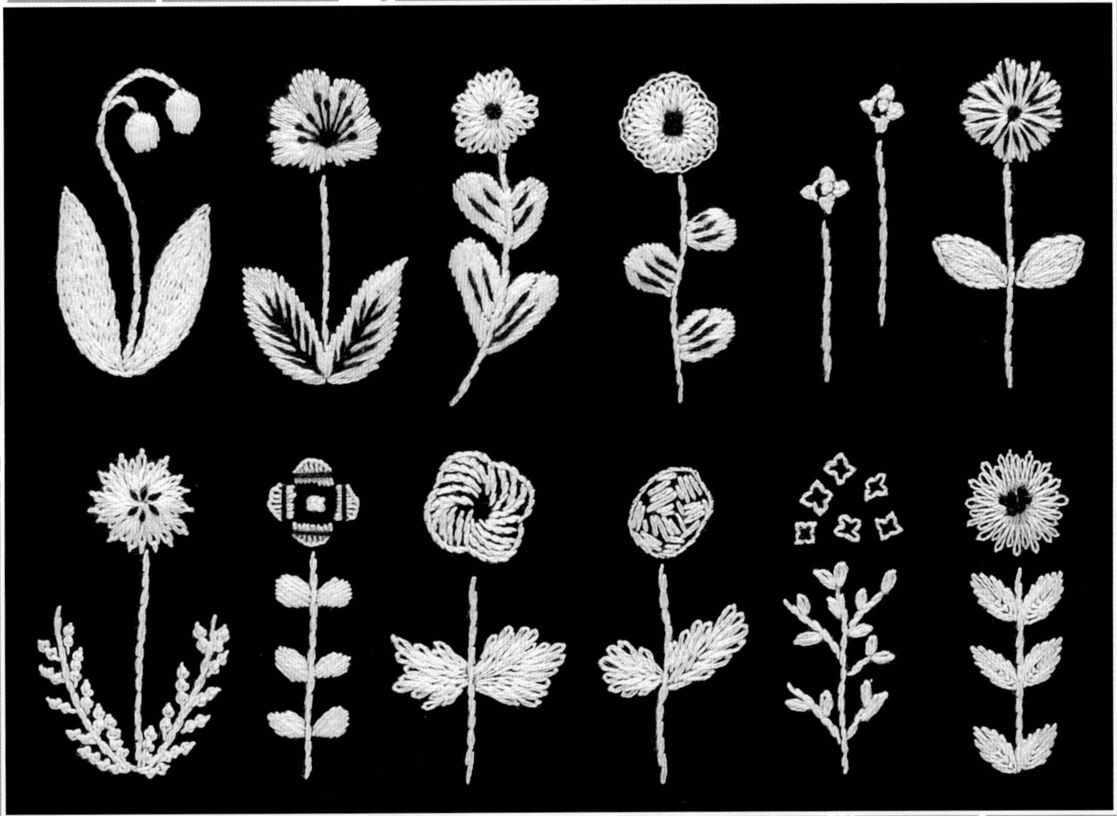

線画

how to make p74

自由な線を重ねて描いた、花と鳥。

花数字

how to make p76

花で描いた数字の中に、1羽の鳥が隠れています。

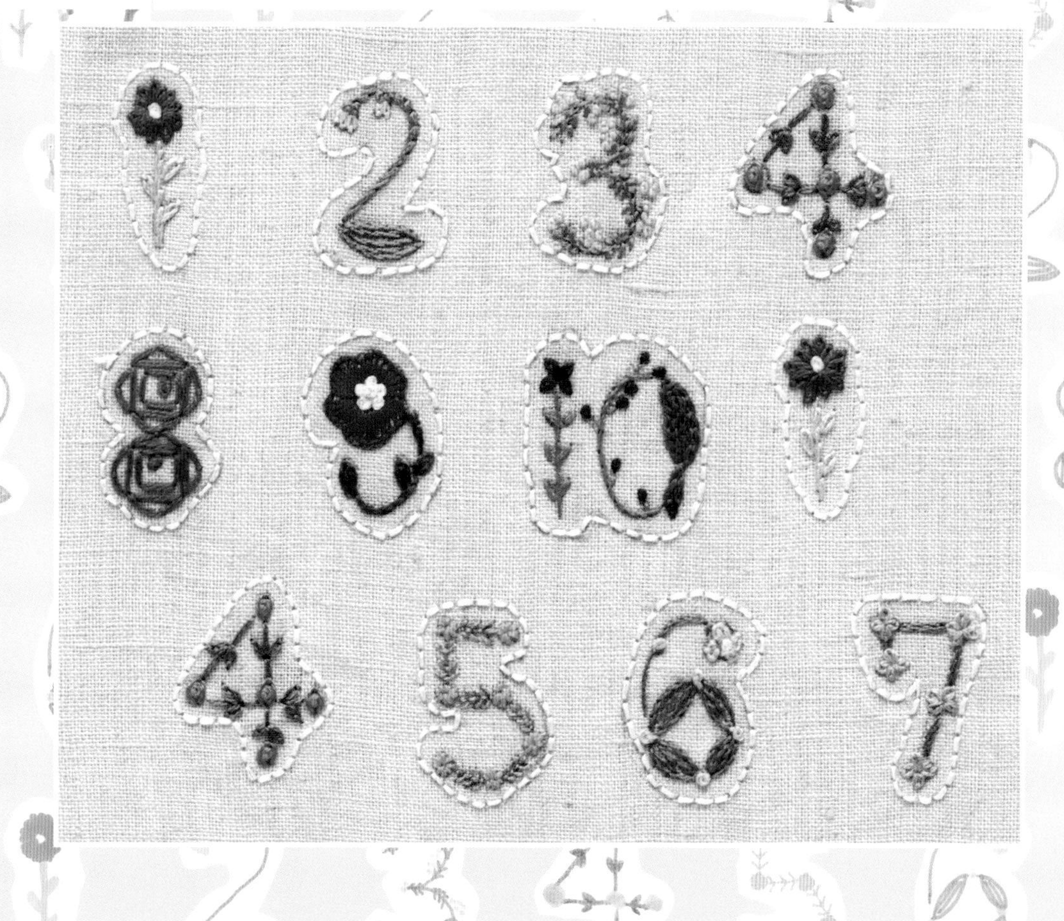

ゆきだま how to make p78

いろんな形の雪玉をパッチワークのように並べて作った、星燈社の初期の図案。

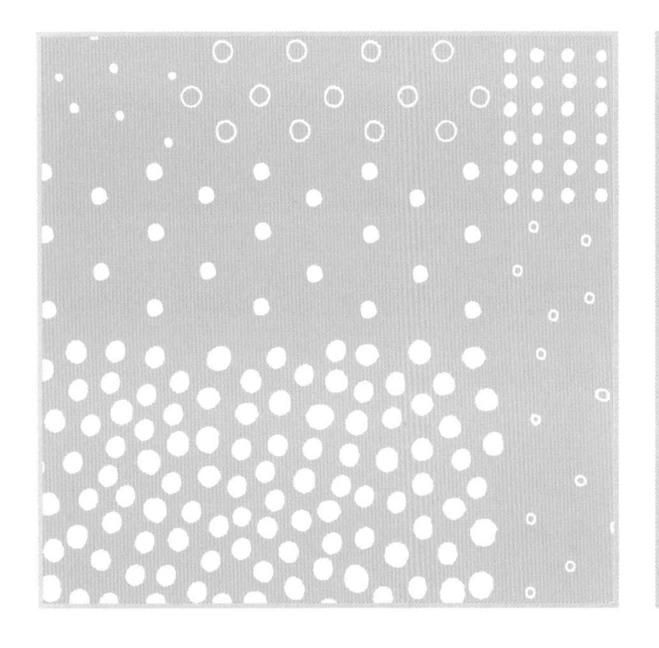

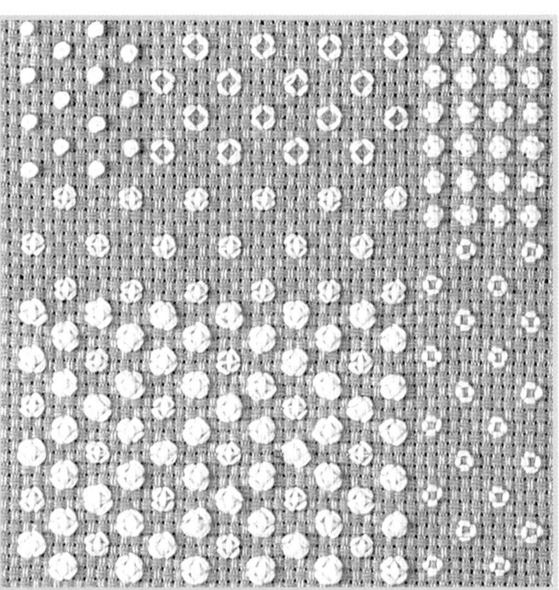

雪夜 how to make p79

しんしんと雪が降り積もる北国の冬の夜の風景。

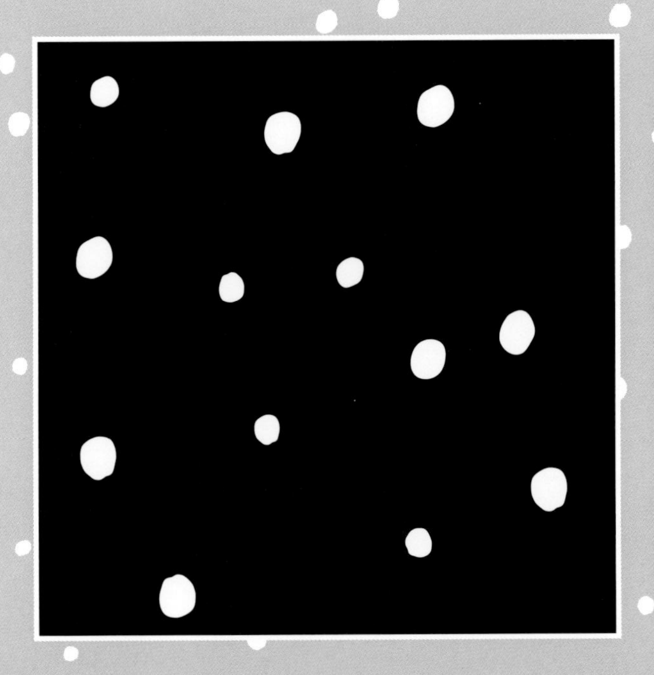

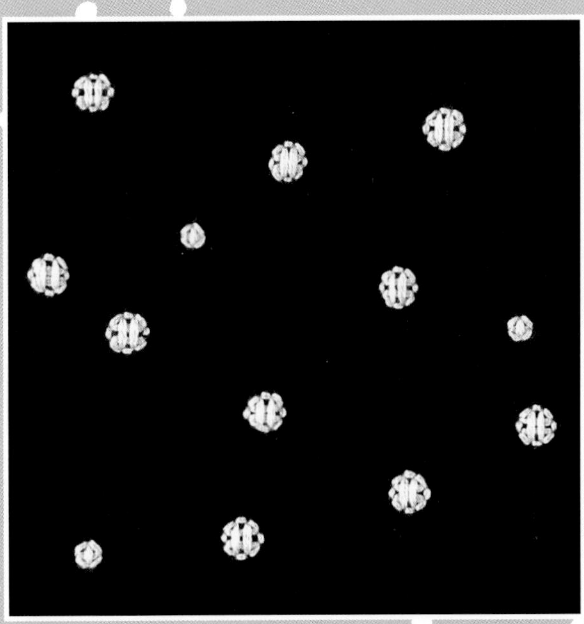

書架　how to make p80

書籍がひしめく本棚をシンプルに描きました。
きっちりした本棚よりも、本を抜き出した本棚にあたたかさを感じます。

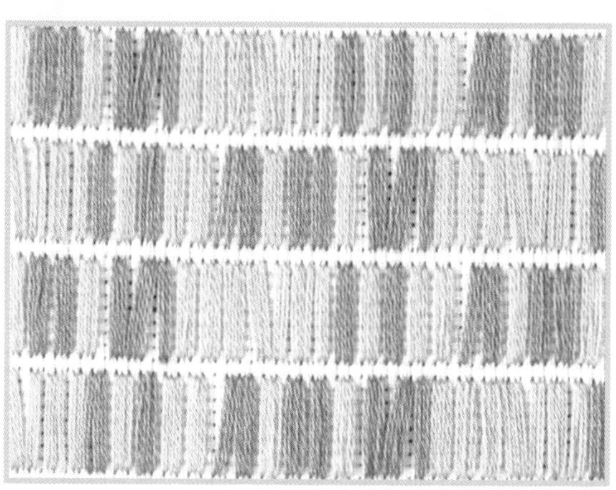

そろばん玉

how to make p81

ずらりとひしめく、そろばん玉。

雨後 how to make p77

いきいきとした雨上がりの草木。

ステッチの基礎

＊この本で使っているステッチの種類とその刺し方です。解説中のステッチ記号は、各ステッチ名の横に示しました。

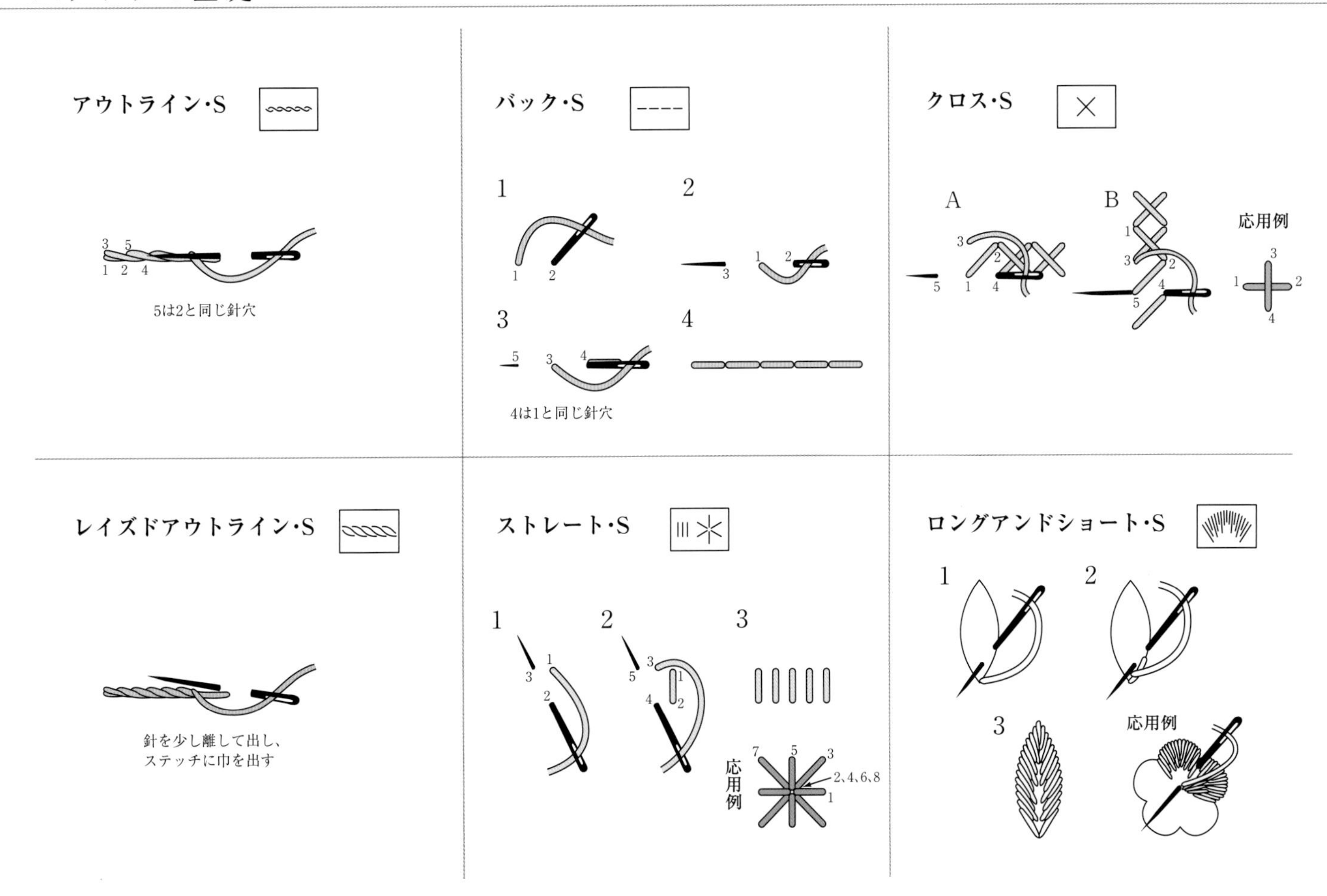

チェーン・S

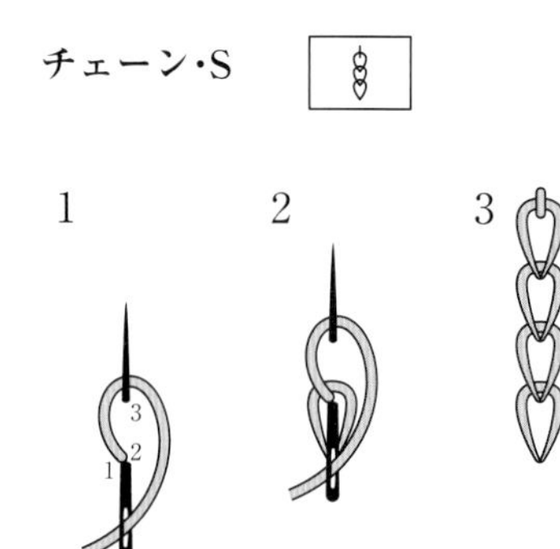
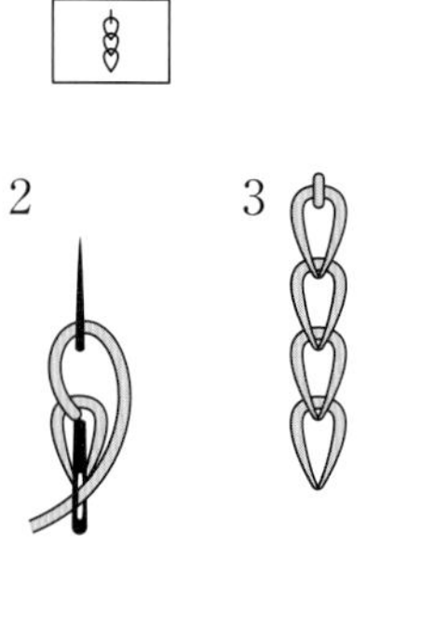

レゼーデージー・S

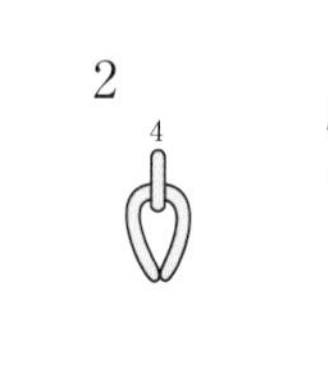

フレンチナット・S

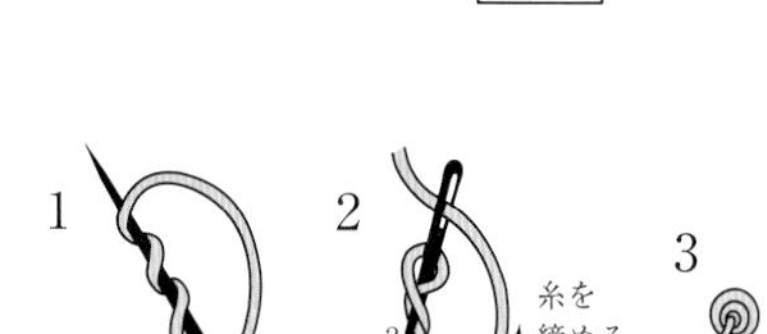
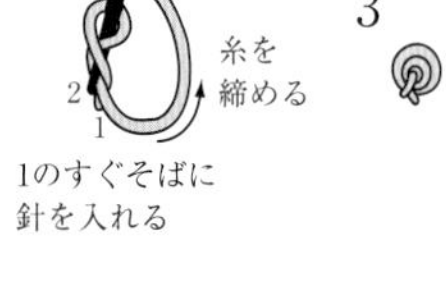

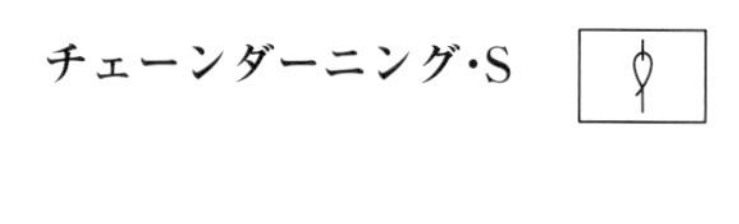

チェーンダーニング・S

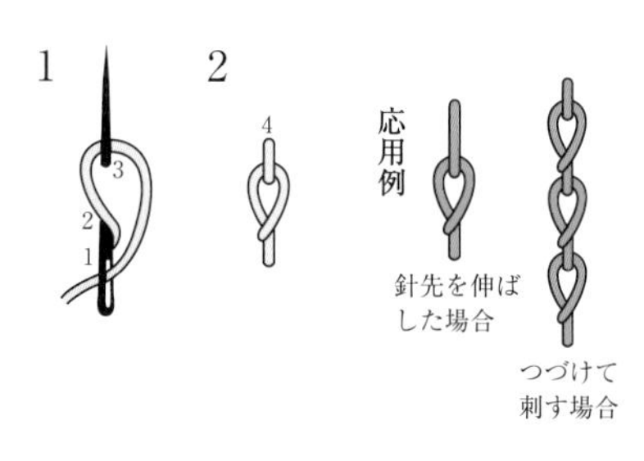

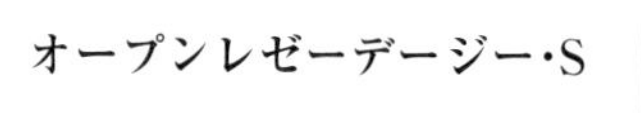

オープンレゼーデージー・S

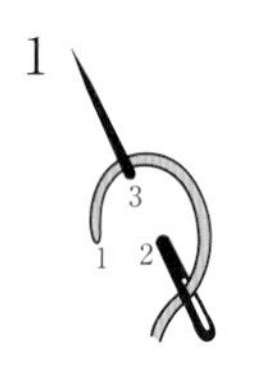
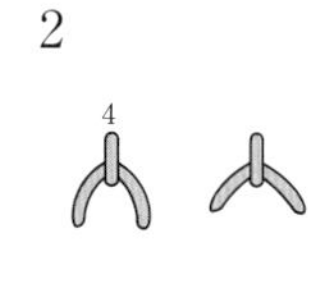

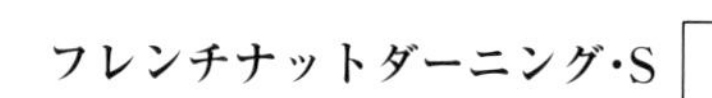

フレンチナットダーニング・S

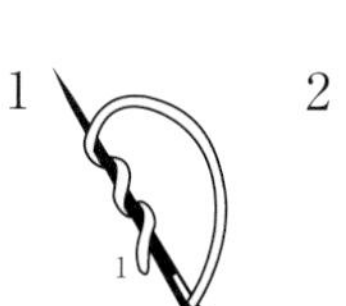

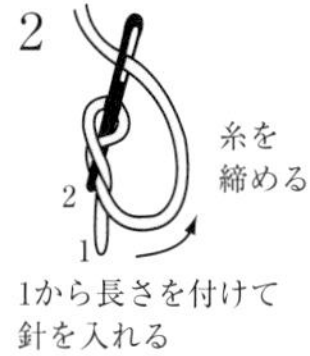
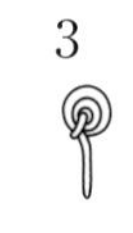

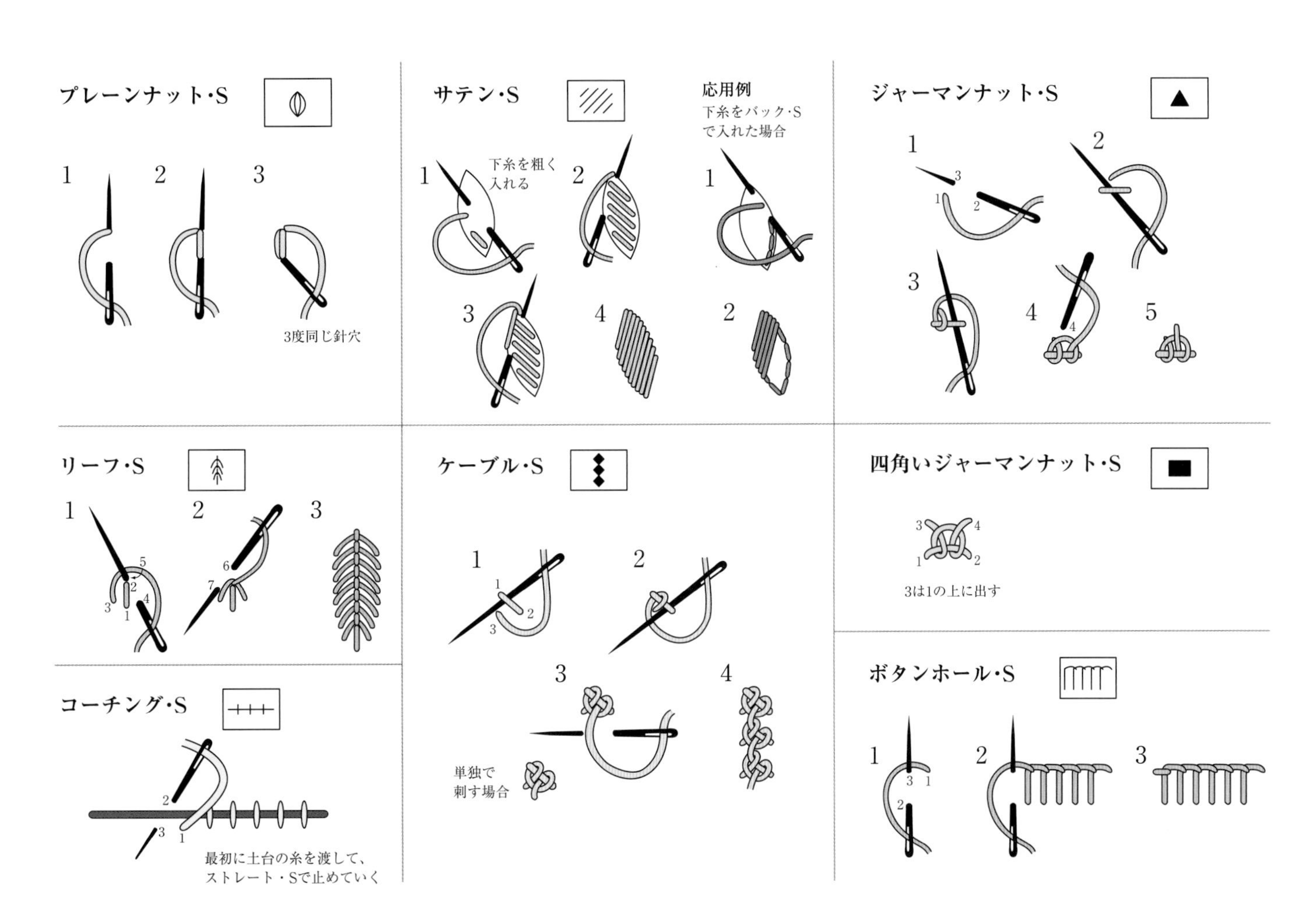
プレーンナット・S
1
2
3
3度同じ針穴
サテン・S
1
下糸を粗く
入れる
2
3
4
応用例
下糸をバック・S
で入れた場合
1
2
ジャーマンナット・S
1
2
3
4
5
リーフ・S
1
2
3
ケーブル・S
1
2
3
4
単独で
刺す場合
四角いジャーマンナット・S
3は1の上に出す
コーチング・S
最初に土台の糸を渡して、
ストレート・Sで止めていく
ボタンホール・S
1
2
3

刺しゅうをはじめる前に

本書の見方

◆図案中の解説は、ステッチ名(「・S」はステッチの略)、糸番号(3～4桁の数字)、糸の使用本数(( )内の数字)の順で表示し、ステッチ記号に矢印で示しています。ステッチ記号は、44頁の「ステッチの基礎」を参照してください。ただし、一部ステッチ記号とステッチ名を省略しているものもあります。

◆図案は全て実物大ですが、ステッチ記号は見やすいように大きめに描いてありますので、実際の刺し上がりは写真を参照してください。

◆刺す順番は、原則的には外側から刺しますが、輪郭や区切りの線は内側を刺し終えてから刺します。また、①②…の表記のあるところは、その順番で刺します。

◆地刺し図は、方眼1マスを布1目とし、ステッチ図は濃淡をつけて区別しました。刺し方は、①②…の順番で刺します。

＊ 美しく刺すために＊

◆ 糸の引き加減はきつすぎずゆるすぎず、均一の調子で刺し、ステッチの大きさが揃うようにしましょう。

◆ 刺しているうちに針に付けた糸がねじれてくるので、よりを戻しながら刺しましょう。

◆ 失敗して何度もほどいた糸は、けば立って仕上がりが美しくありません。新しい糸に替えて刺しましょう。

◆ 裏側で糸を長く渡さないようにしましょう。先に刺したステッチを利用し、その中を通したり、からめたりして糸を渡します。

＊解説文中の材料で「コスモ」と明記のあるものは、発行日現在、コスモの商品として発売中の製品を示します。
明記のないものは、その他の市販製品を示します。
この本の関するお問い合わせは、小社編集部（TEL 03-3260-1859）までお願いします。

◆用　布◆

刺しゅう用としては、綿や麻のものが刺しやすく、取扱いが簡単ですが、目的に応じて布の種類や素材を選ぶことが必要です。
布目を数えながら刺す地刺しには、縦糸と横糸が同じ太さで等間隔に織られた、布目のはっきりした布が適しています。
手芸材料店では、刺しゅう用に織られた布が手に入ります。

◆刺しゅう針◆

刺しゅう用の針は穴が細長いところが特徴で、針の長さや太さはいろいろ揃っています。刺しゅうする布の材質や刺しゅう糸の本数によって、針の太さ、長さを使い分けます。地刺しなどのように布目を拾っていく場合は、先の丸いクロスステッチ針を使用すると刺しやすく、布の織り糸を割らずにきれいに仕上がります。

◆針と糸との関係◆

針の号数は、針の太さと長さを示しています。数が大きくなるほど、針は細く、短くなります。2本どり、4本どり、6本どりなど、糸の本数に合わせて、針を選びましょう。

コスモ フランス刺しゅう針		コスモ クロスステッチ針(地刺し針)	
2号	6～8本どり	20号	6～10本どり
3号	4～5本どり	22号	4～6本どり
4号	3～4本どり	24号	2～3本どり
6号	1～2本どり	26号	1～2本どり

◆刺しゅう糸◆

一般的に使われる糸としては、25番刺しゅう糸と5番刺しゅう糸、シーズンズ刺しゅう糸、ラメ糸などがあります。一番よく使われる25番刺しゅう糸は、6本の細い糸がゆるくよられていて1本になっています。使用する時は、必要な本数に合わせて細い糸を1本ずつ抜き取って使います。使用する時は、次頁の「糸の扱い方」を参照し、使いやすいように準備し、必要な本数を1本ずつ抜き取って使います。

◆刺しゅう枠◆

ふつうは円形の枠を使います。大きさは様々ですが、8～12cmのものが使いやすいでしょう。

◆糸の扱い方◆

25番刺しゅう糸は紙帯をはずし、輪に巻いた状態に戻します(①図)。次に輪の中に手を入れ、糸の端と端をつまんで、からまないように輪をほどいていきます(②図)。ほどき終わって半分の長さになった糸を、さらに半分ずつ2回折り、全体を8等分の長さにしたら糸を切ります(③図)。切り終わった糸に糸番号の付いた紙帯を通しておくと、配色や糸を追加する時に便利です。糸を使う時は、面倒でも使用本数に合わせて1本ずつ糸を抜き、揃えて使用します。その時、糸の中央から抜くと、抜きやすいでしょう。1本ずつ抜くことによって、糸目が揃い、出来上がりが美しくなります(④図)。

◆糸を針に通す方法◆

針を片手に持ち、もう片方の手で糸の端を持ちます。糸を針の頭にあてたまま、糸を二つに折ります(①図)。親指と人指し指で糸の二つに折れた部分をしっかり挟み、針を抜いて糸に折り山を作ります(②図)。そのまま親指と人指し指を少し開いて糸の折り山をのぞかせ、糸を針の穴へ通します(③図)。

◆刺しはじめと刺しおわり◆

刺しはじめ、刺しおわりとも、基本的に玉結びは作りません。刺しはじめは、途中で糸が抜けないように少し離れたところから針を入れ、糸端を7～8cm残して、ステッチをはじめます。刺しおわりは裏に糸を出し、最後の針目の糸をすくい、同じように数回糸をくぐらせてから、糸を切ります。刺しはじめに残した糸にも針を通して、刺しおわりと同じように針目に糸をくぐらせてから糸を切ります。

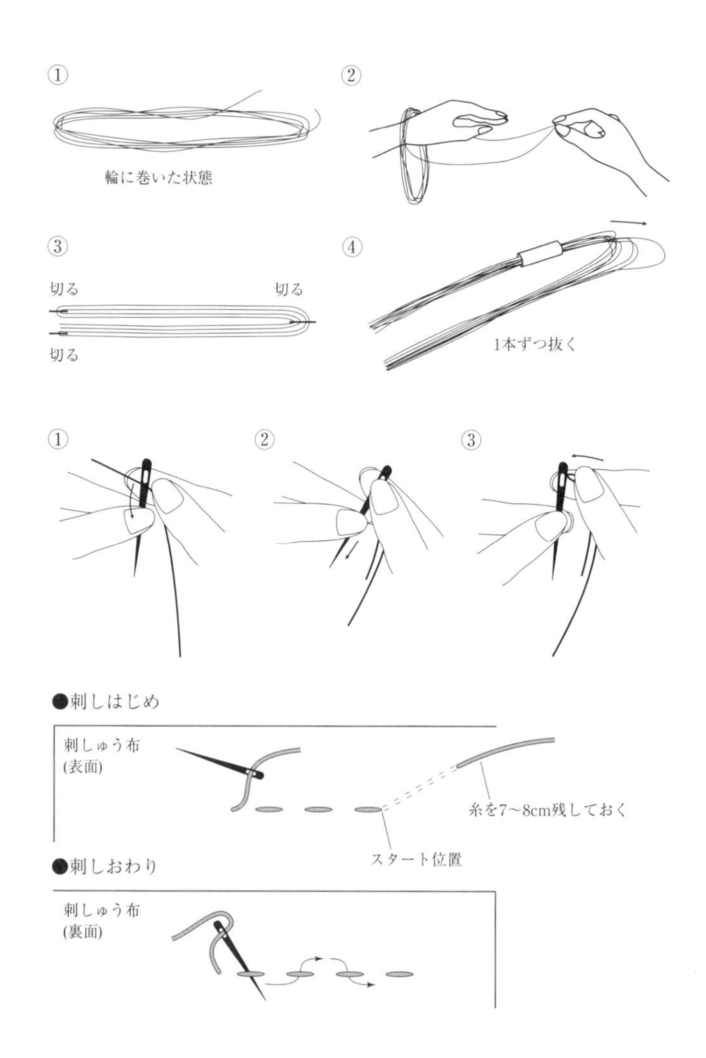

◆布の地直し◆

布目のタテとヨコが垂直になるよう、霧を吹きかけながらアイロン(またはスチームアイロン)を当てます。

◆布の準備◆

地刺しなどの布目をかぞえながら刺す場合は、刺す時に布の目数を数えやすくし、間違いを防ぐために刺しゅう布に糸印を付けることをおすすめします。
特に大きな作品ほど入れておくと大変便利です。糸印は、刺しゅう布の仕上がり寸法の周りに沿って、しつけ糸でタテ、ヨコに同じように小さく付けておきます。さらに、中央と中央を結んだ中心に糸印を付けておくとよいでしょう。

刺しゅう布
(表面)
中心
中央
仕上がり線
しつけ糸
(仕上がり線に沿って、
糸印を付ける)
中央

◆仕上げ◆

刺しゅう後の作品は、洗濯によって、多少型くずれするものもありますので、汚れが気にならないようなら、アイロンのみで仕上げてもよいでしょう。汚れた場合は、次頁の「洗濯について」を参照し、洗濯します。

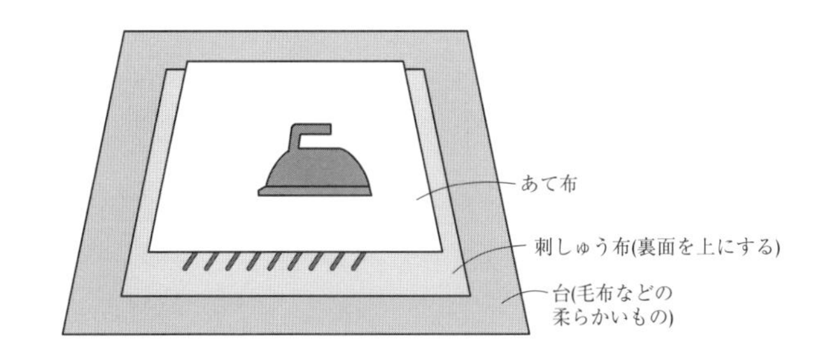

◆ 洗濯について ◆

刺しゅう糸がほつれてこないよう裏側の糸の始末を確認しましょう。洗濯は一度水につけてから中性洗剤を入れ、やさしく押し洗いをし、その後、水で何度もすすぎます。この時、万一余分な染料が出ても、あわてて水から出さずに、色が出るのが止まるまで、充分すすいで洗い流します。脱水はたたんで軽く脱水機にかけるか、タオルに挟んで水分を取り、薄く糊づけします。乾燥は風通しの良い所で日陰干しをし、アイロンはステッチがつぶれないように毛布などの柔らかい物を台にして、裏から霧を吹きかけながら高温(摂氏180～210度)で当てます。クリーニングに出す時はフッソ系のドライクリーニングが最も安全ですが、いずれにしても店とよく相談して下さい。

◆ 図案の写し方 ◆

＊図案の上にトレーシングペーパーなど透ける紙を重ねて、鉛筆で図案を写します。

＊次にこのトレーシングペーパーを布の上に置き、間に「刺しゅう用コピーペーパー」をはさみ、待ち針等で固定します。

＊図案紙が破けないように、セロファン紙を図案の上にかぶせ、「転写用ペン」や「インクのなくなったボールペン」などで図案の線 をていねいになぞります。

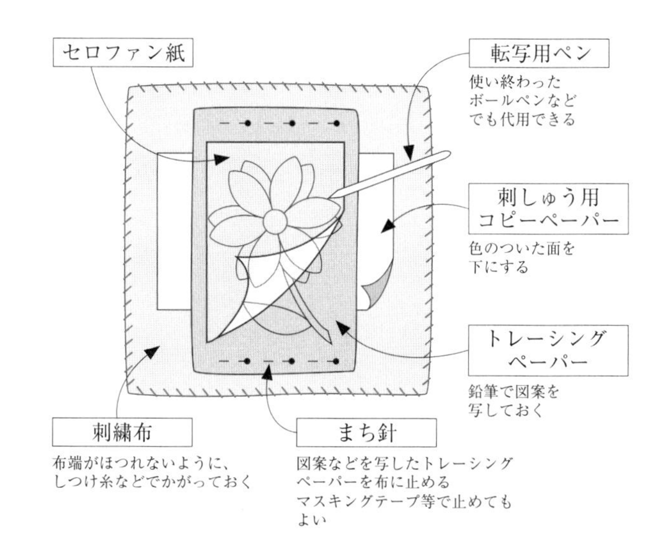

野花刺繍 口絵 p 17

材料
布 / コスモ1700番フリーステッチ用コットンクロス
　（11ホワイト） 15×15cm
糸 / コスモ25番刺しゅう糸
　ブルー732　ピンク814　白2500

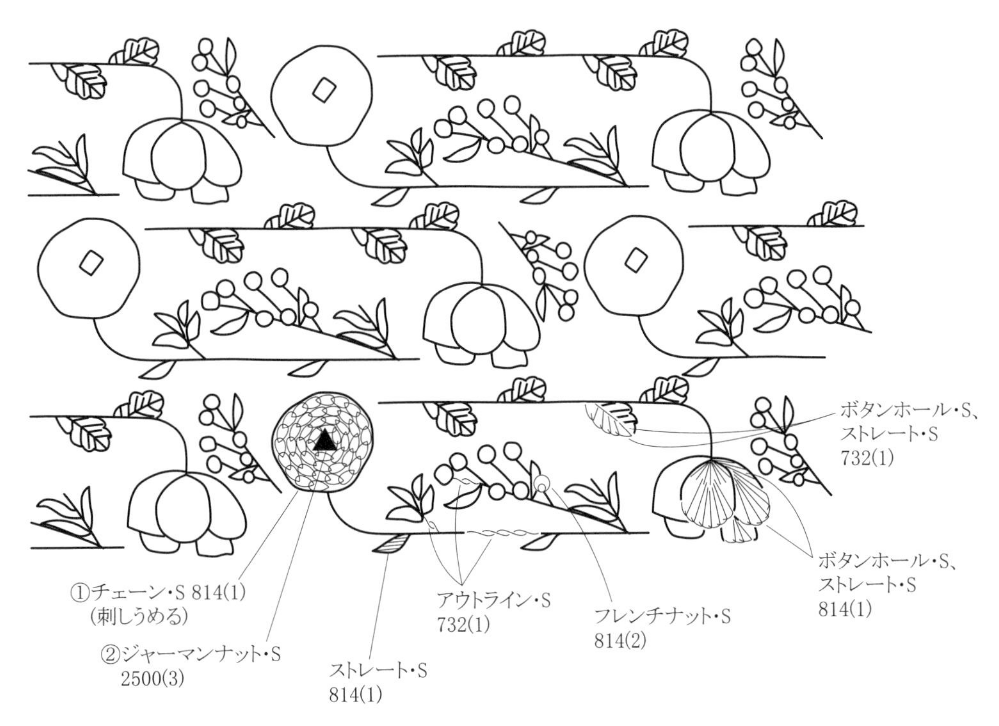

むくげ

口絵 p 18

材料
布 / 麻布(サックス) 15×15cm
糸 / コスモ25番刺しゅう糸
ブルー166 黄2702 白2500

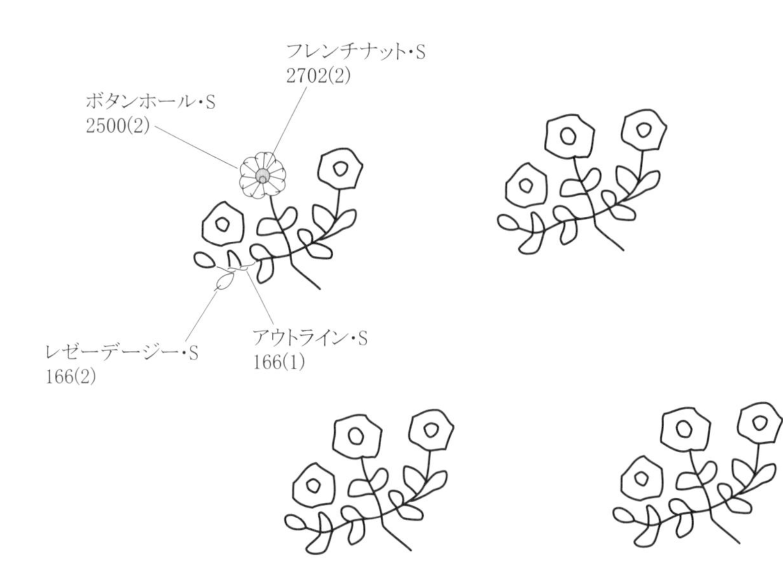

こはる

口絵 p 19

材料
布 / コスモ1700番フリーステッチ用コットンクロス
　(41ターコイズグリーン)　15×15cm
糸 / コスモ25番刺しゅう糸
　黄143・145　グリーン325A・326

①フレンチナット・S 145(2)
(ゆるめに刺す)
②レゼーデージー・S 143(2)
(①を囲む)

145(2)

レゼーデージー・S
143(2)

レゼーデージー・S+
ボタンホール・S 326(2)
(刺し方参照)

ストレート・S
325A(2)

ストレート・S
326(2)

アウトライン・S
325A(2)

〈レゼーデージー・S+ボタンホール・S 刺し方〉

1　2　3

うたかた

口絵 p 20

材料
布 / コスモ1700番フリーステッチ用コットンクロス
　（11ホワイト） 15×15cm
糸 / コスモ25番刺しゅう糸
　グレー154・156　ブルー163・166、2211　赤855

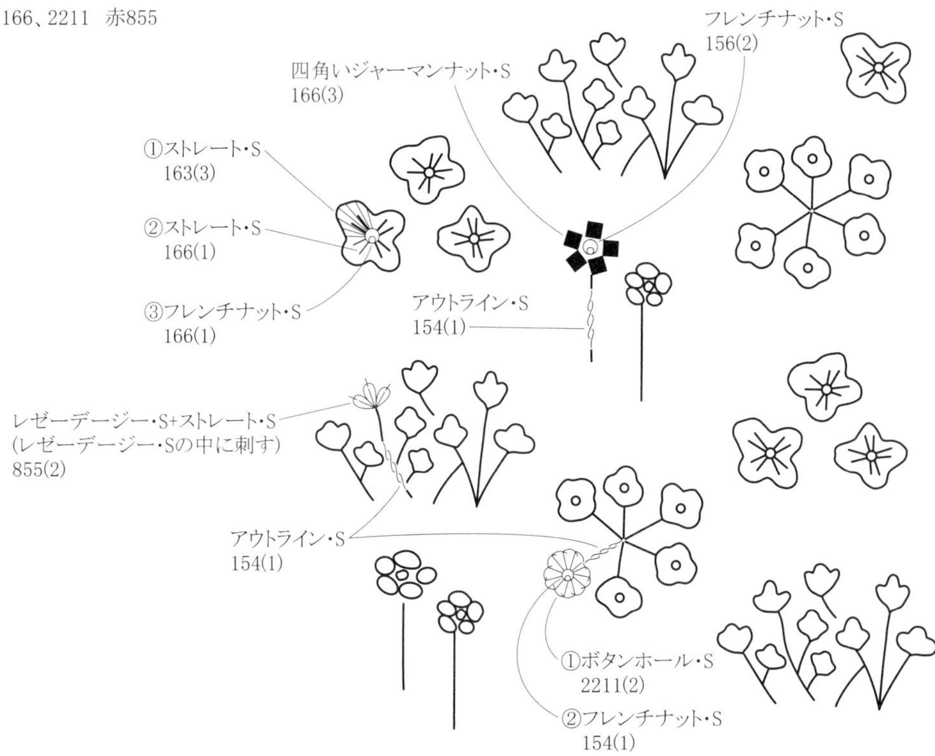

押し花 口絵 p 21

材料
布 / 麻布(マスタード) 15×15cm
糸 / コスモ25番刺しゅう糸
　　白500

＊糸は全て500で刺します

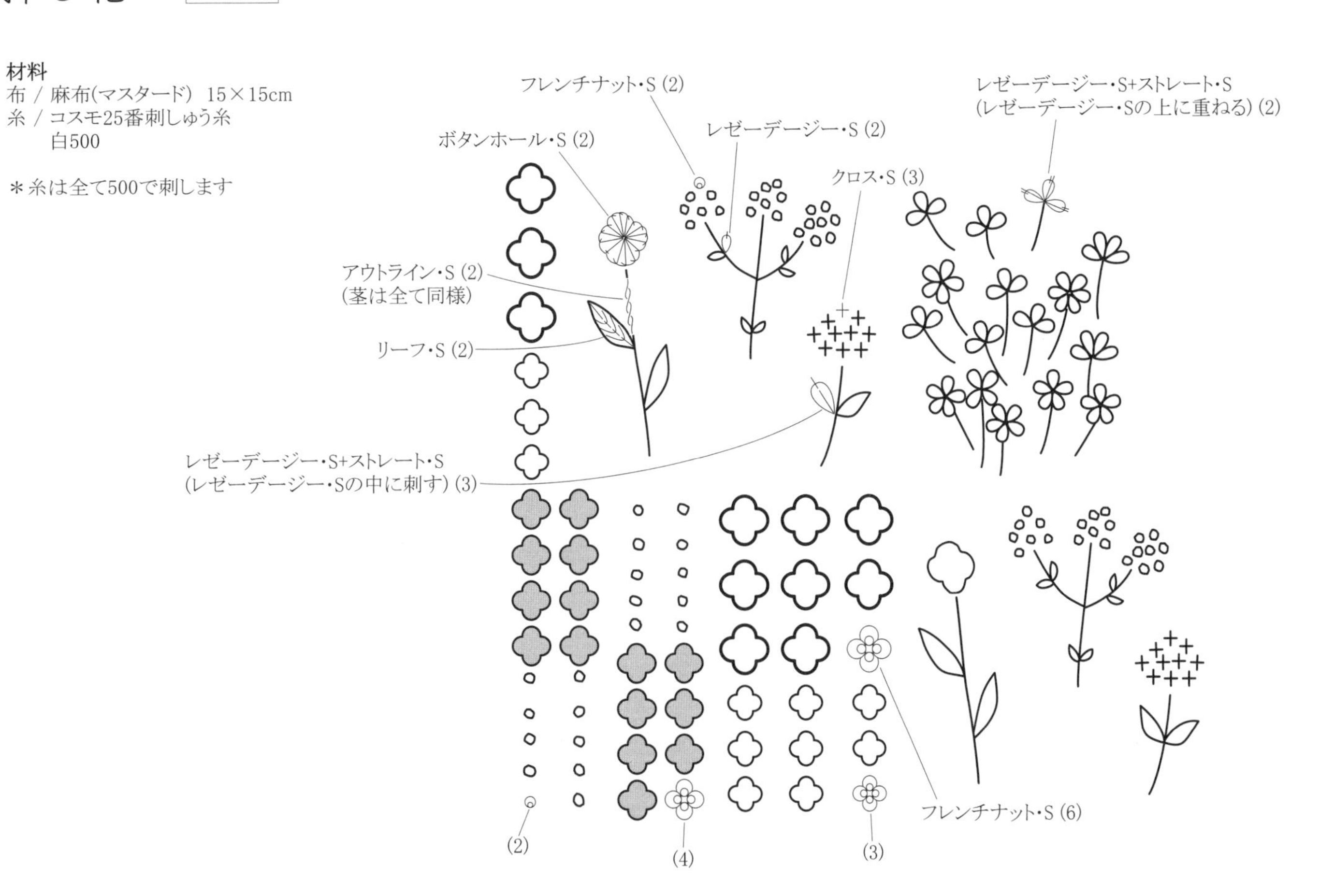

はこべ

口絵 p 22

材料
布／コスモ1700番フリーステッチ用コットンクロス
(11ホワイト) 15×20cm
糸／コスモ25番刺しゅう糸
黄2702　ブルー980　グリーン2014

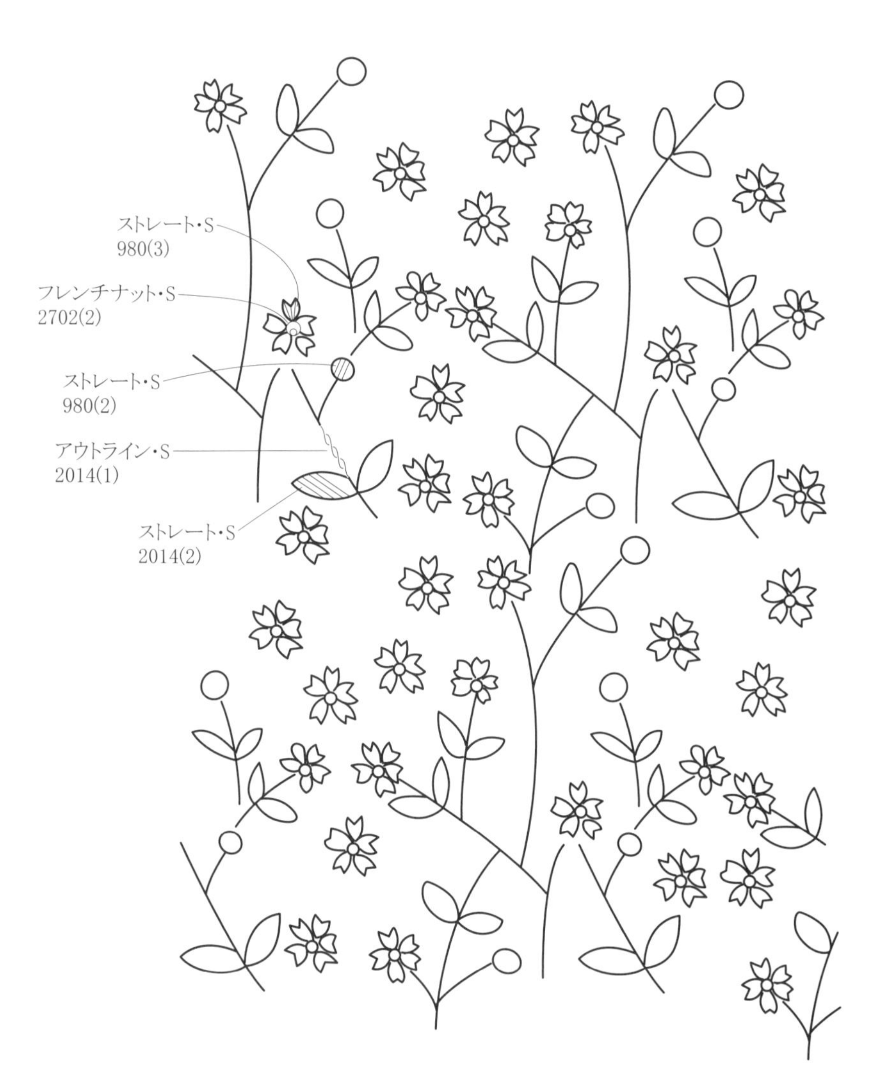

木いちご　口絵 p 23

材料
布 / コスモ1700番フリーステッチ用コットンクロス
　(11ホワイト) 15×15cm
糸 / コスモ25番刺しゅう糸
　赤857　ブルー983

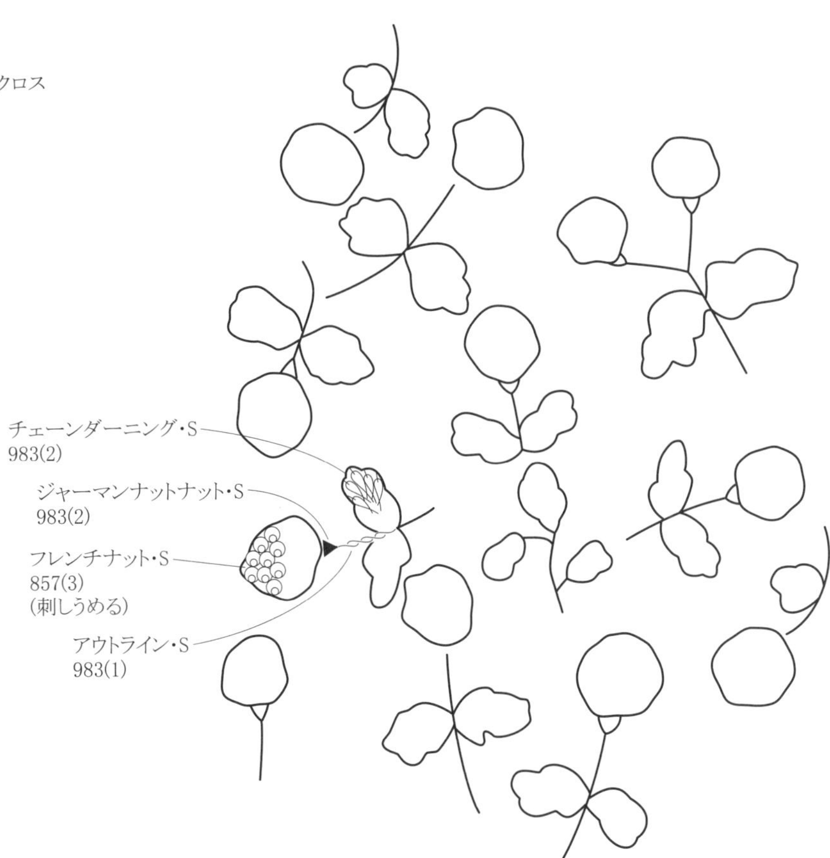

音色　口絵 p 24

材料

布 / コスモ1700番フリーステッチ用コットンクロス
　(11ホワイト) 15×15cm
糸 / コスモ25番刺しゅう糸
　ブルー2212　グリーン326・327　白2500

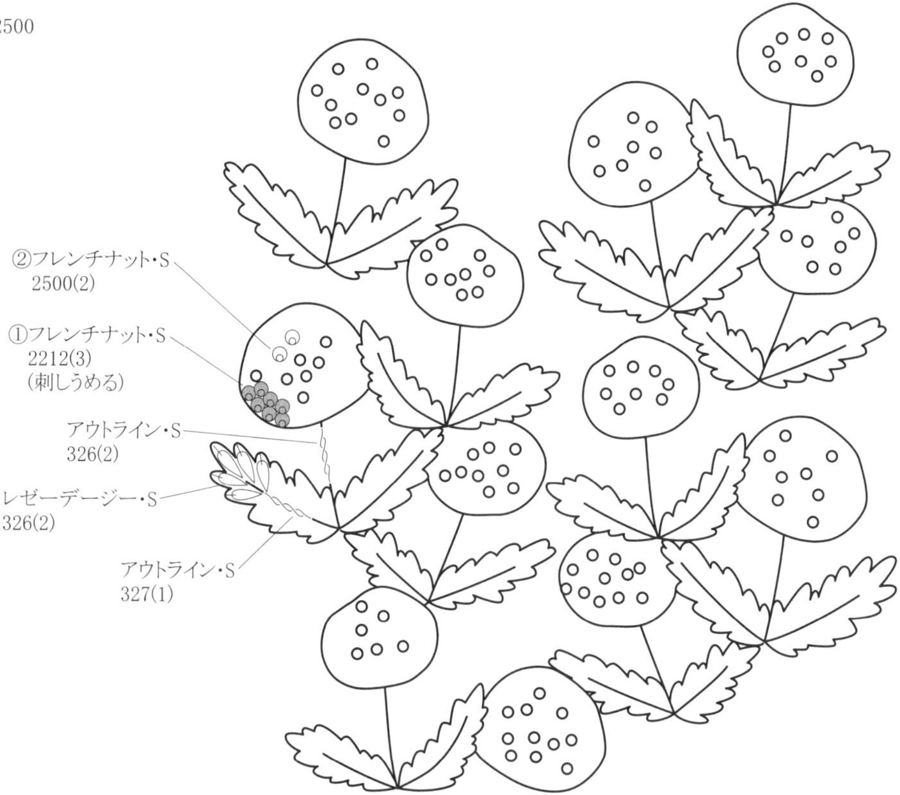

②フレンチナット・S
2500(2)

①フレンチナット・S
2212(3)
(刺しうめる)

アウトライン・S
326(2)

レゼーデージー・S
326(2)

アウトライン・S
327(1)

はなます

口絵 p 25

材料

布 / コスモ1700番フリーステッチ用コットンクロス
（11ホワイト） 15×15cm
糸 / コスモ25番刺しゅう糸
グリーン118　ピンク424　白2500

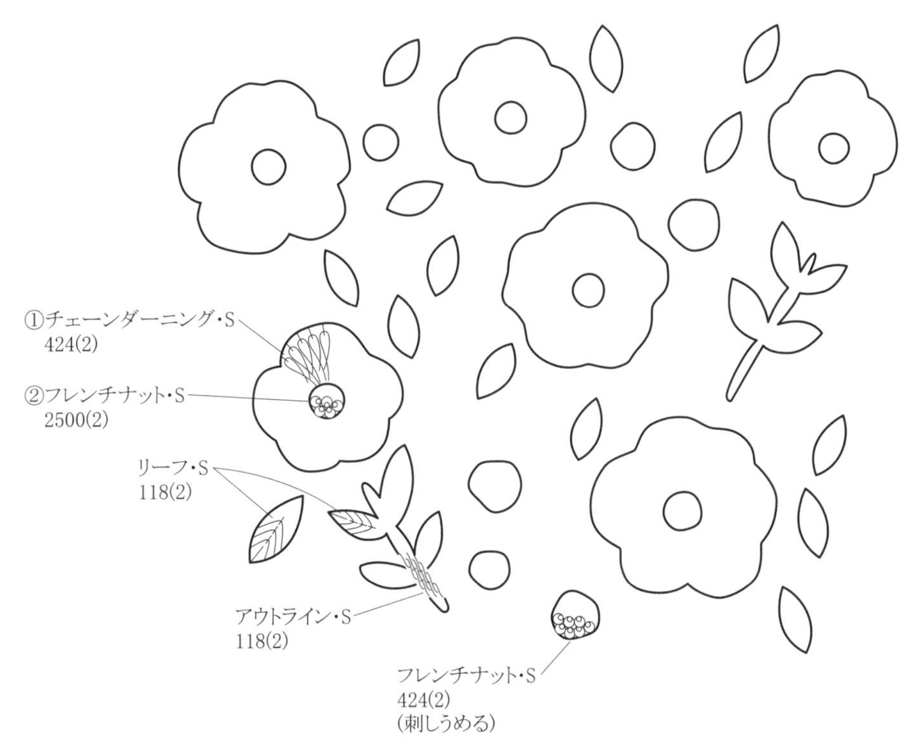

旅路　口絵 p 26

材料
布 / コスモ1700番フリーステッチ用コットンクロス
　(41ターコイズグリーン) 15×15cm
糸 / コスモ25番刺しゅう糸
　白2500

＊糸は全て2500(1)で刺します

あまつぶ　口絵 p 27

材料
布 / コスモ1700番フリーステッチ用コットンクロス
　（11ホワイト）15×15cm
糸 / コスモ25番刺しゅう糸
　ブルー214、373

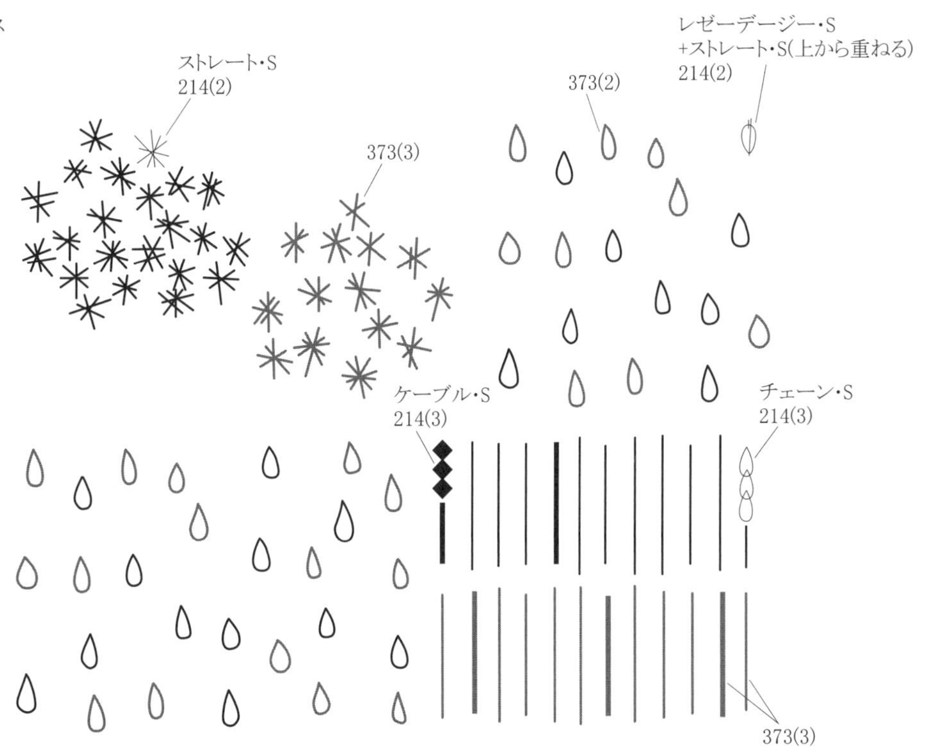

木の実　口絵 p 28

材料

布 / コスモ1700番フリーステッチ用コットンクロス
（11ホワイト） 15×15cm

糸 / コスモ25番刺しゅう糸
赤245、857　茶467　グリーン534A、685

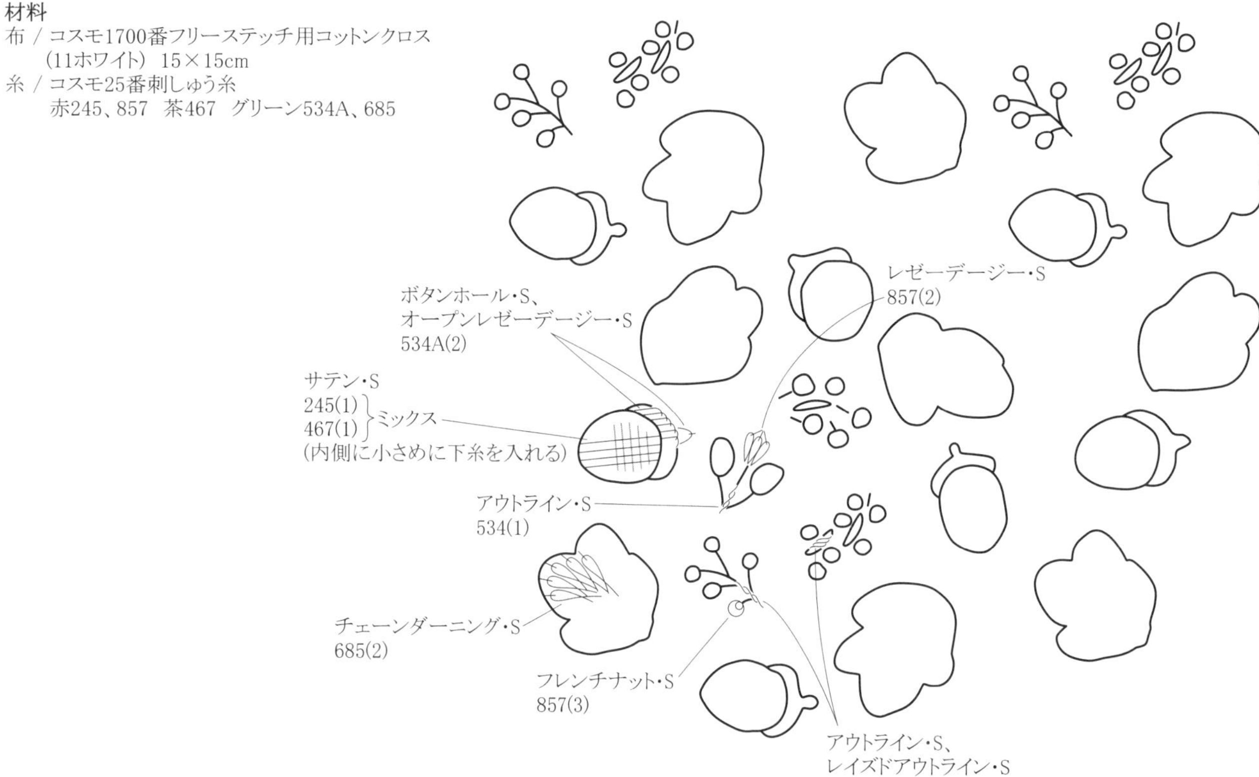

ひめりんご

口絵 p 29

材料
布 / コスモ1700番フリーステッチ用コットンクロス
　（11ホワイト） 15×15cm
糸 / コスモ25番刺しゅう糸
　グリーン327・328　赤467

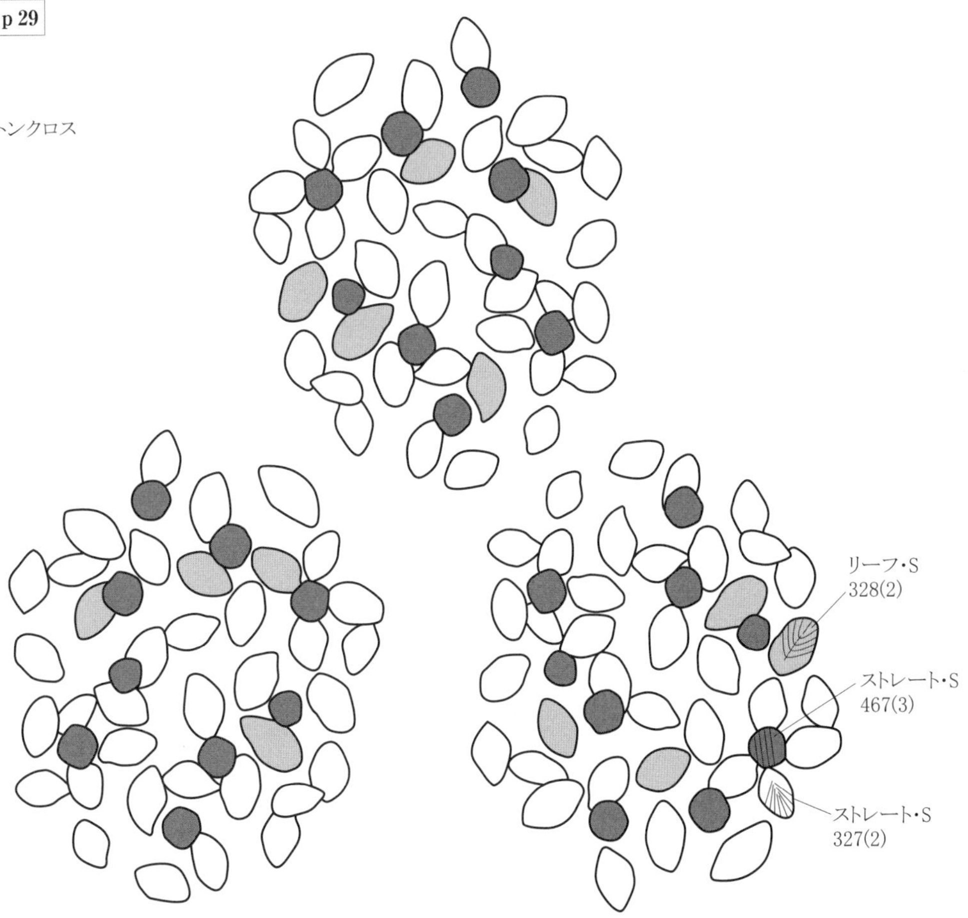

朝顔 口絵 p 30

材料
布 / コスモ1700番フリーステッチ用コットンクロス
　(11ホワイト) 15×15cm
糸 / コスモ25番刺しゅう糸
　グリーン2117　ブルー2412・413　白500

アウトライン・S
2412(1)

①ボタンホール・S
413(2)

②レイズドアウトライン・S
500(2)

チェーンダーニング・S
2117(2)

どくだみ

口絵 p 31

材料

布 / コスモ1700番フリーステッチ用コットンクロス
（11ホワイト） 15×15cm

糸 / コスモ25番刺しゅう糸
グリーン326　黄673　白500

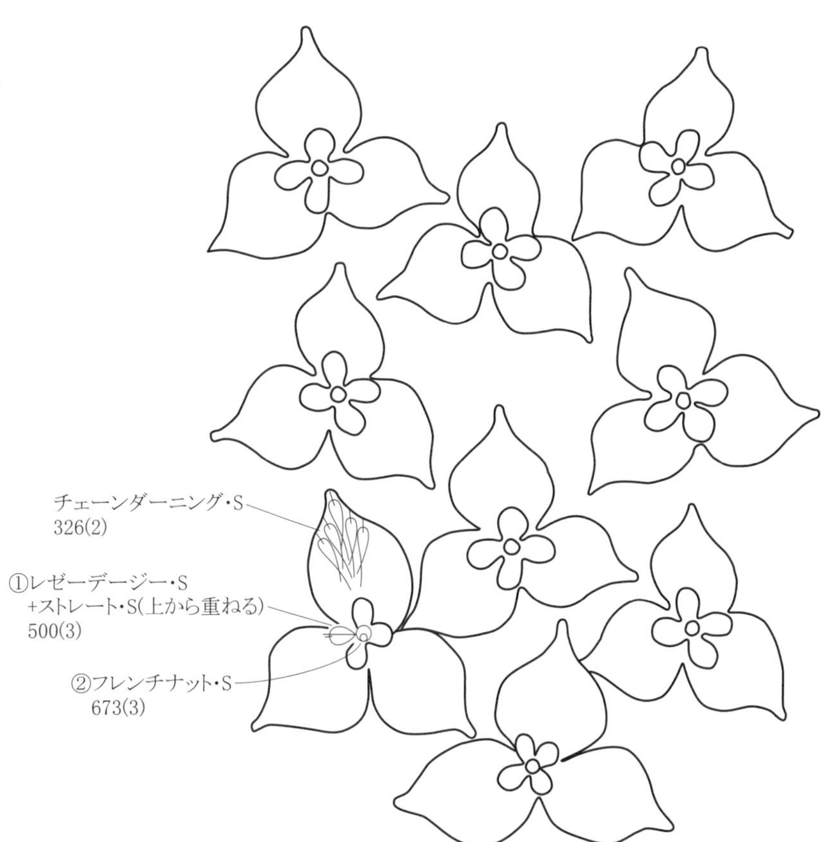

すずらん

口絵 p 32

材料
布 / 麻布(マスタード) 15×15cm
糸 / コスモ25番刺しゅう糸
茶718 白500

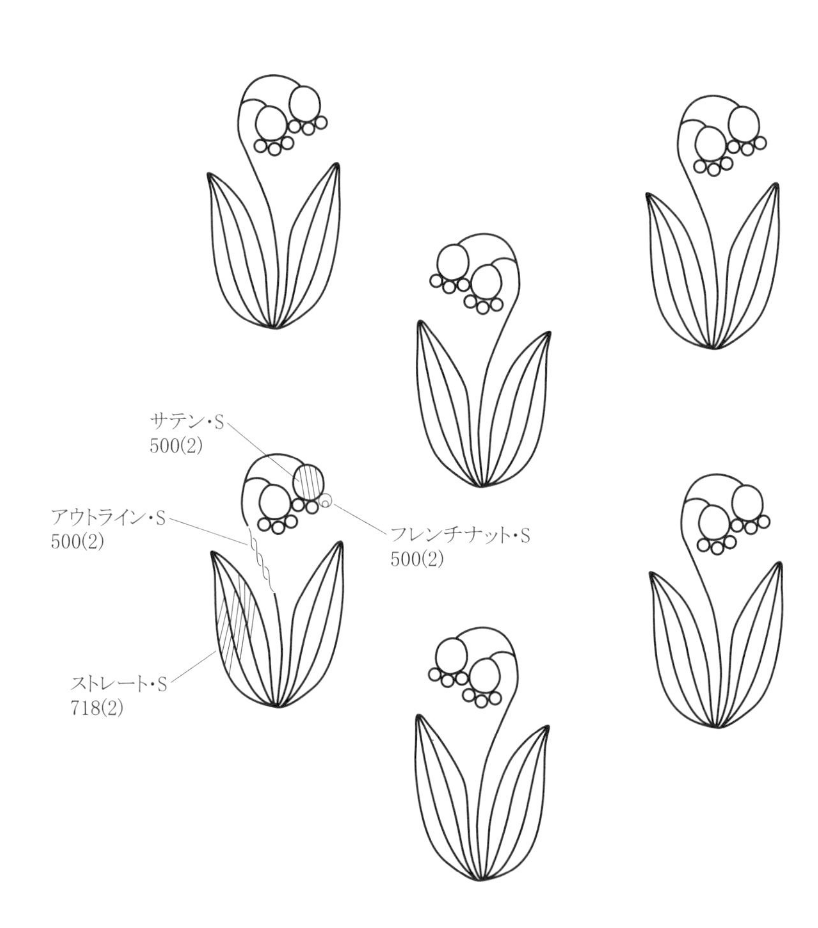

さざめき

口絵 p 33

材料
布 / コスモ1700番フリーステッチ用コットンクロス
(1ブラック) 15×15cm
糸 / コスモ25番刺しゅう糸
グレー2154 白500 黒600

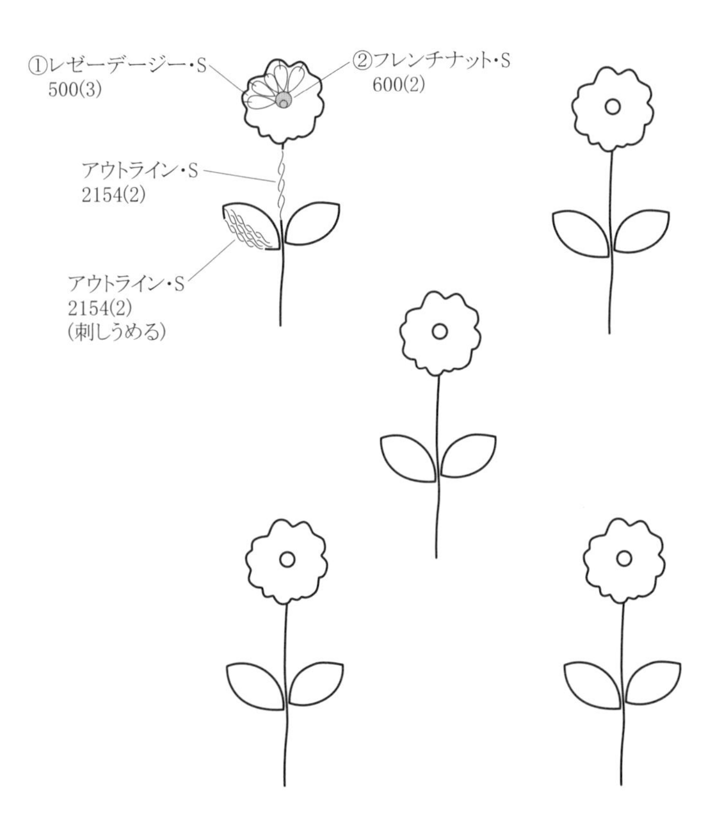

休日

口絵 p 34

材料
布 / コスモ1700番フリーステッチ用コットンクロス
　(11ホワイト) 15×15cm
糸 / コスモ25番刺しゅう糸
　黄2702　グリーン633

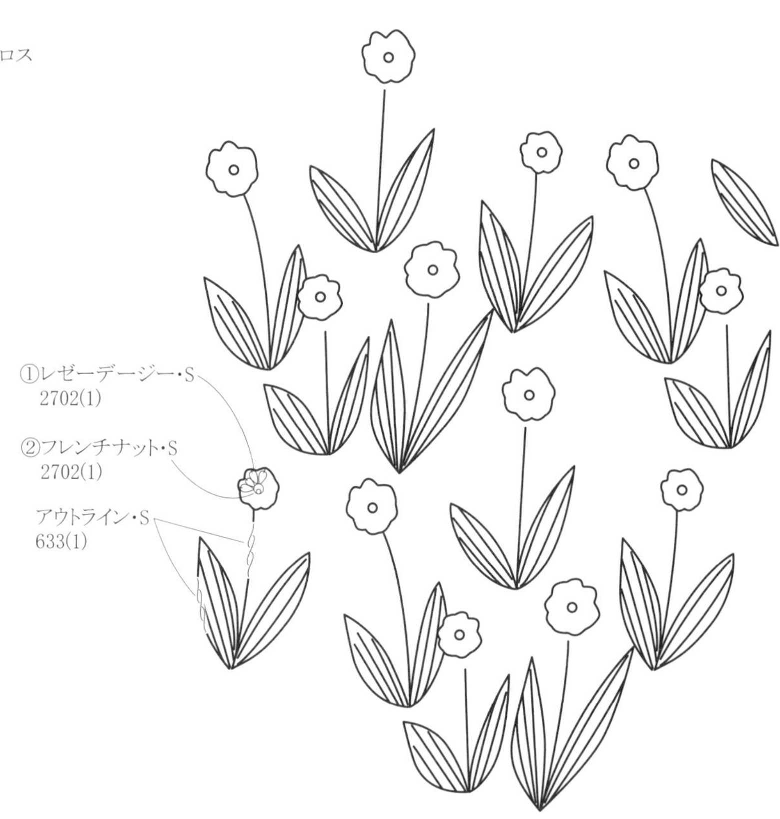

つぐみ

口絵 p 35

材料
布 / 麻布(マスタード) 15×15cm
糸 / コスモ25番刺しゅう糸
白2500 黒603

額「つぐみ」

口絵p15

材料
その他 / 接着芯 ヨコ25×タテ20cm
市販の額縁［額内寸17.8cm×12.8cm］

＊材料の布と糸、刺し方は共通です
＊刺しゅうを終えたら、裏に接着芯を貼り、額縁の大きさに合わせてカットし、はめ込みます

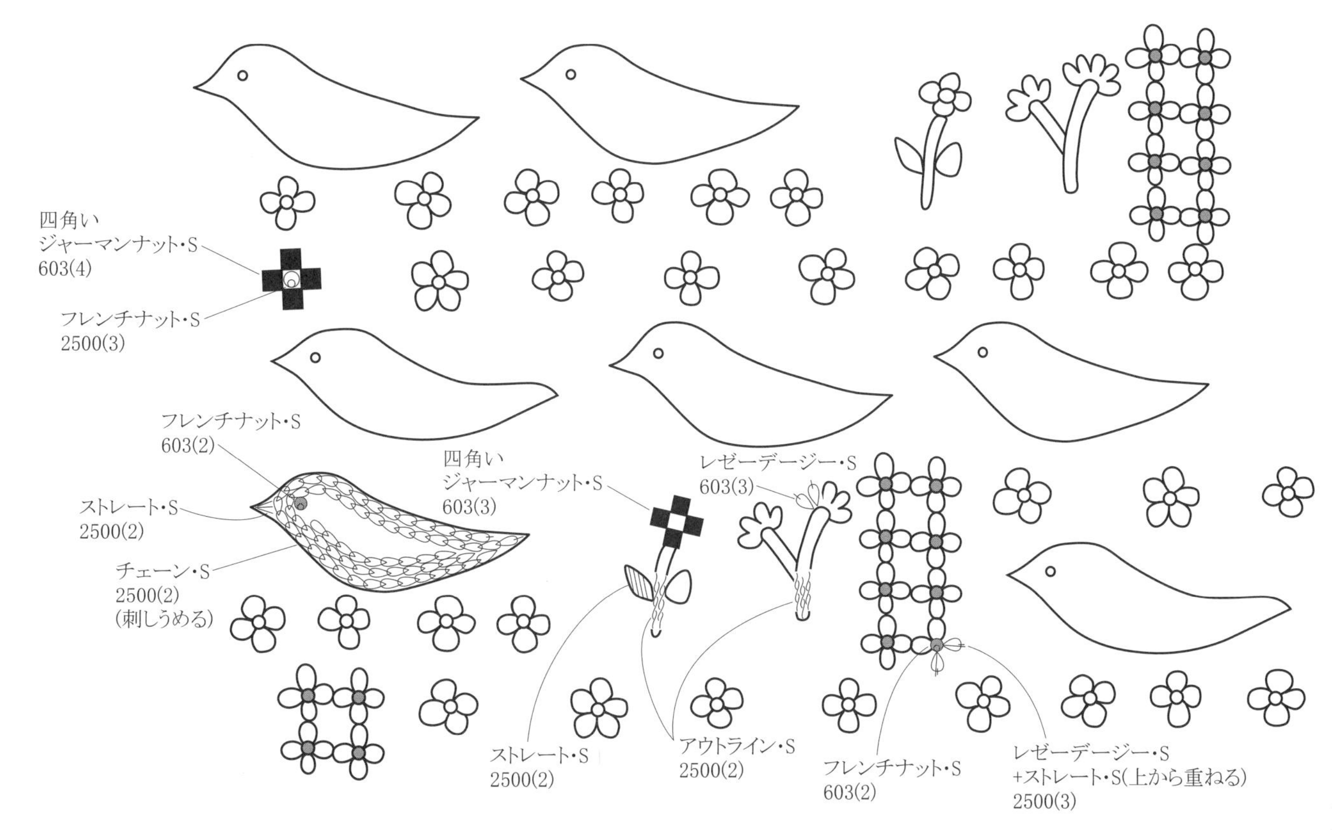

夜想曲

口絵 p 36

材料
布 / 麻布(グリーン) 15×15cm
糸 / コスモ25番刺しゅう糸
　　金茶774 黒600

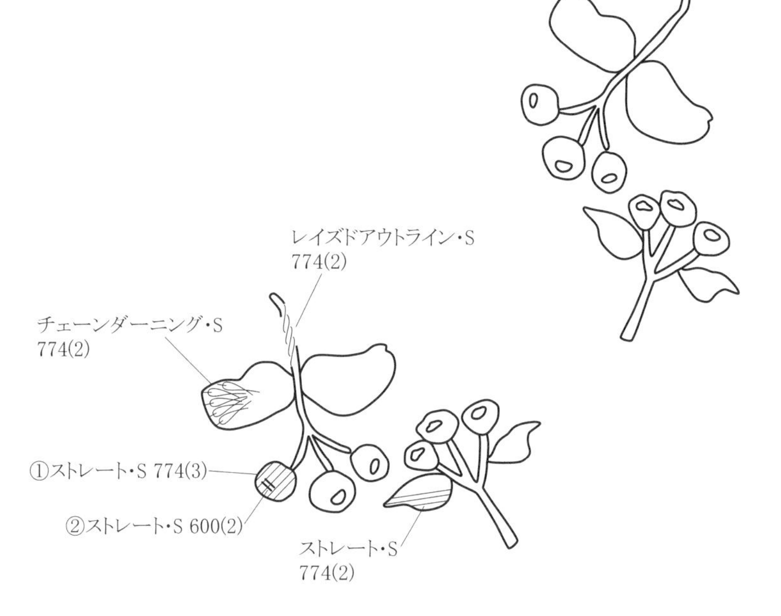

十二花譜

口絵 p 37

材料
布 / コスモ1700番フリーステッチ用コットンクロス
　　(4ネイビー) ヨコ25×タテ20cm
糸 / コスモ25番刺しゅう糸
　　ブルー168 白2500

額「十二花譜」

口絵 p 1

材料
その他 / 接着芯 ヨコ25×タテ20cm
　　市販の額縁［額内寸21cm×14.8cm］

＊材料の布と糸、刺し方は共通です
＊刺しゅうを終えたら、裏に接着芯を貼り、額縁の大きさに合わせてカットし、はめ込みます

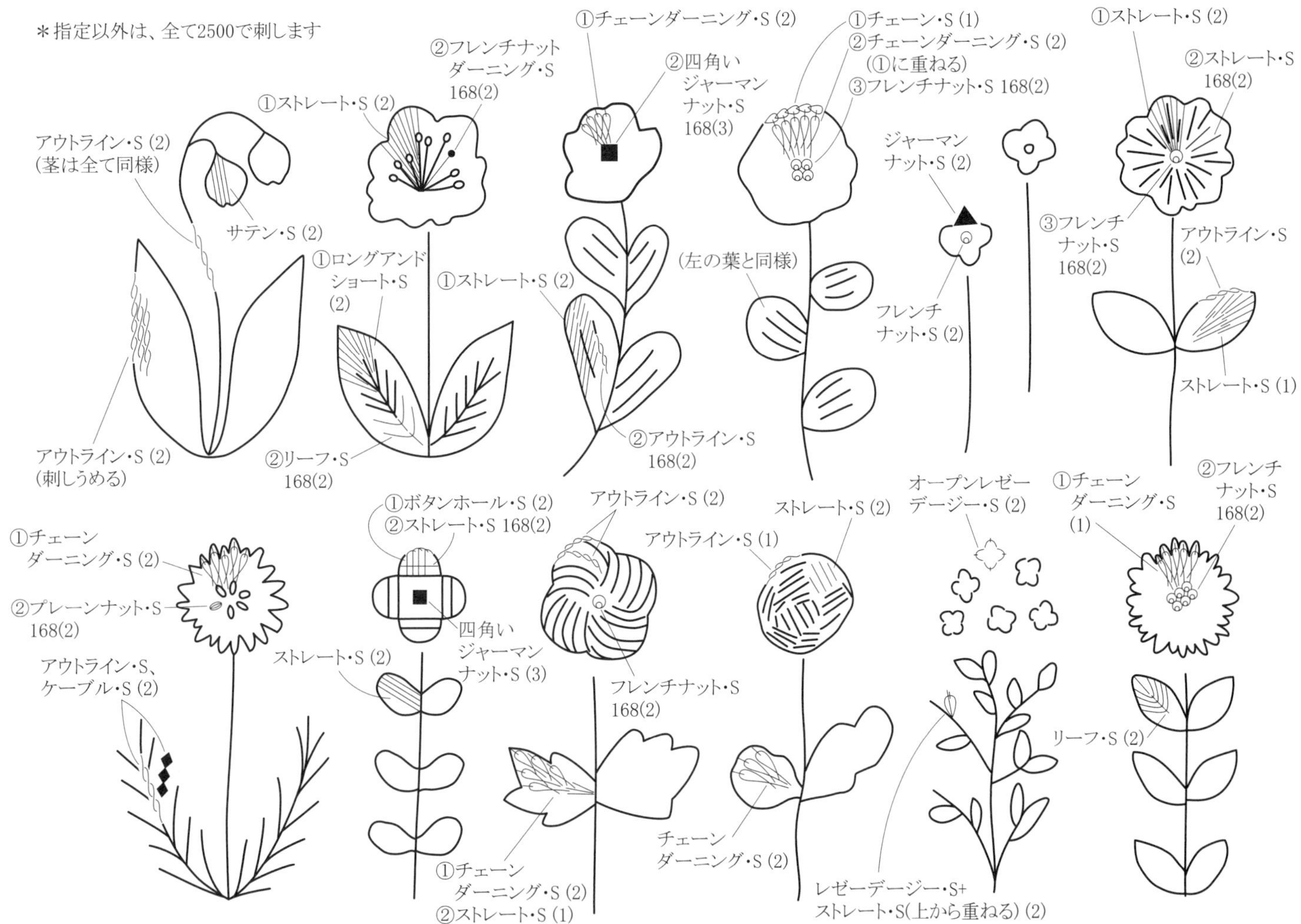
＊指定以外は、全て2500で刺します
アウトライン・S (2)
(茎は全て同様)
サテン・S (2)
アウトライン・S (2)
(刺しうめる)
①ストレート・S (2)
②フレンチナット
ダーニング・S
168(2)
①ロングアンド
ショート・S
(2)
①ストレート・S (2)
②リーフ・S
168(2)
①チェーンダーニング・S (2)
②四角い
ジャーマン
ナット・S
168(3)
②アウトライン・S
168(2)
①チェーン・S (1)
②チェーンダーニング・S (2)
(①に重ねる)
③フレンチナット・S 168(2)
(左の葉と同様)
ジャーマン
ナット・S (2)
フレンチ
ナット・S (2)
①ストレート・S (2)
②ストレート・S
168(2)
③フレンチ
ナット・S
168(2)
アウトライン・S
(2)
ストレート・S (1)
①チェーン
ダーニング・S (2)
②プレーンナット・S
168(2)
アウトライン・S、
ケーブル・S (2)
①ボタンホール・S (2)
②ストレート・S 168(2)
四角い
ジャーマン
ナット・S (3)
ストレート・S (2)
アウトライン・S (2)
フレンチナット・S
168(2)
①チェーン
ダーニング・S (2)
②ストレート・S (1)
アウトライン・S (1)
ストレート・S (2)
チェーン
ダーニング・S (2)
オープンレゼー
デージー・S (2)
レゼーデージー・S+
ストレート・S(上から重ねる) (2)
①チェーン
ダーニング・S
(1)
②フレンチ
ナット・S
168(2)
リーフ・S (2)

線画 口絵 p 38

材料
布 / コスモ1700番フリーステッチ用コットンクロス
(11ホワイト) ヨコ25×タテ20cm
糸 / コスモ25番刺しゅう糸
ブルー164・165A グレー2020 白500

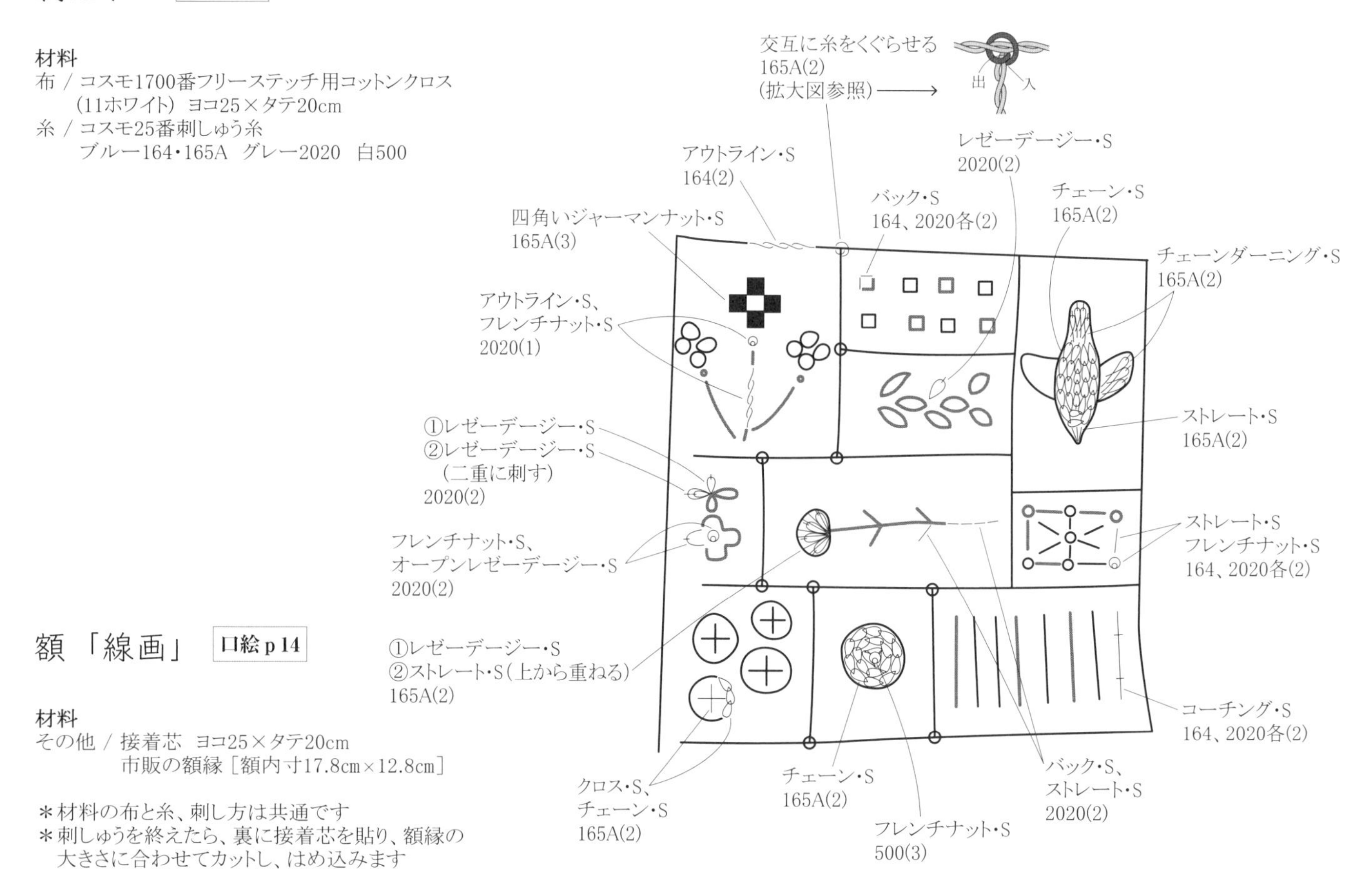

額「線画」 口絵 p 14

材料
その他 / 接着芯 ヨコ25×タテ20cm
市販の額縁 [額内寸17.8cm×12.8cm]

＊材料の布と糸、刺し方は共通です
＊刺しゅうを終えたら、裏に接着芯を貼り、額縁の大きさに合わせてカットし、はめ込みます

花数字

口絵 p 39

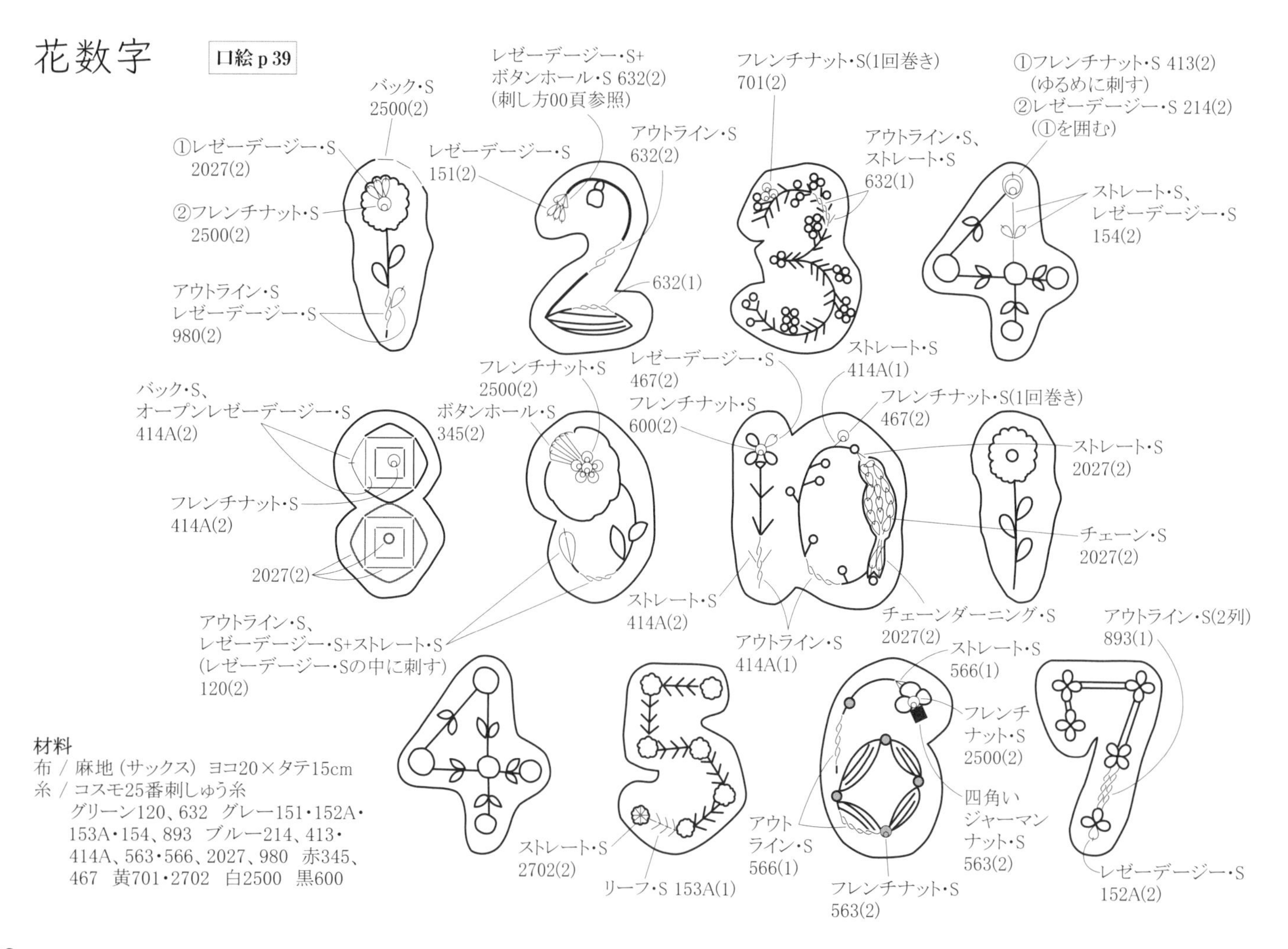

材料
布 / 麻地（サックス） ヨコ20×タテ15cm
糸 / コスモ25番刺しゅう糸
グリーン120、632　グレー151・152A・153A・154、893　ブルー214、413・414A、563・566、2027、980　赤345、467　黄701・2702　白2500　黒600

雨後　口絵 p 44

材料
布 / コスモ65100番ジャバクロス65
　（10オフホワイト）15×15cm
糸 / コスモ25番刺しゅう糸
　ブルー214・2214

①オープンレゼーデージー・S
214(3)
②レゼーデージー・S
2214(3)

ゆきだま　口絵 p 40

材料
布 / コスモ65100番ジャバクロス65
　(89フローズンブルー) 15×15cm
糸 / コスモ25番刺しゅう糸
　白500

＊糸は全て500で刺します

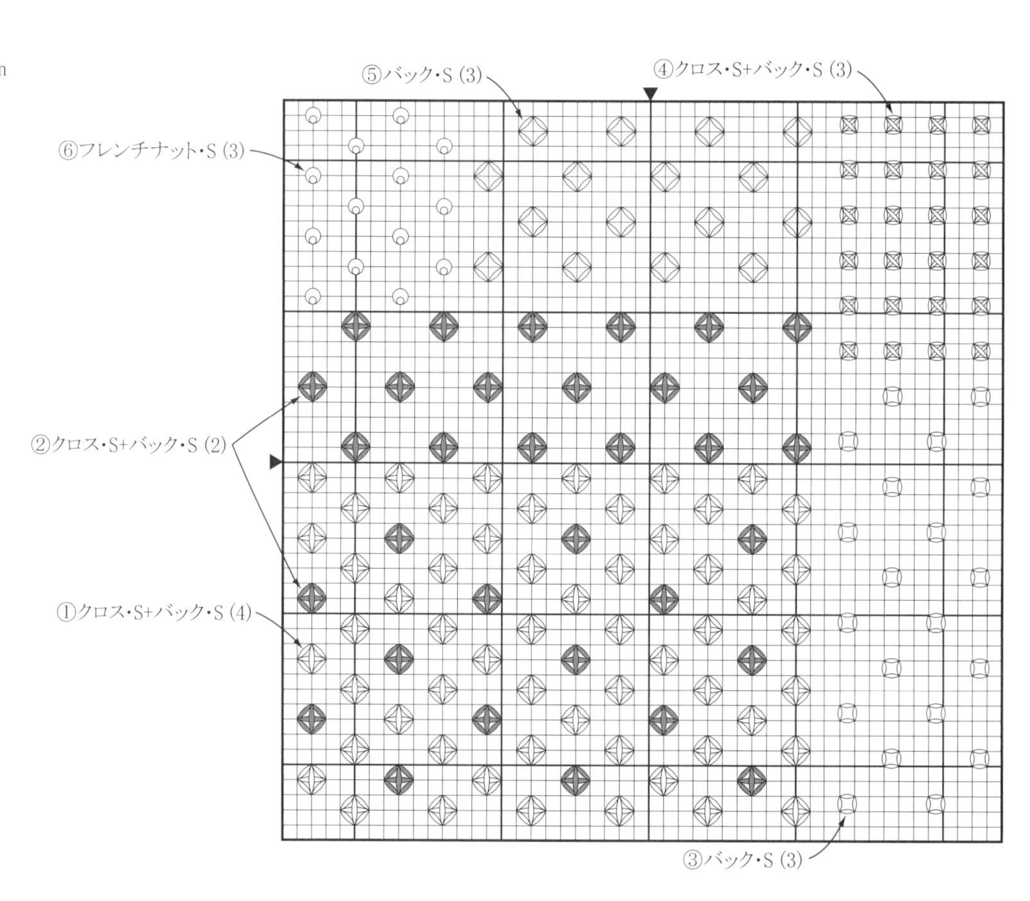

雪夜　口絵 p 41

材料
布 / コスモ65100番ジャバクロス65
　(1ブラック) 15×15cm
糸 / コスモ25番刺しゅう糸
　白100

＊糸は全て100(3)で刺します

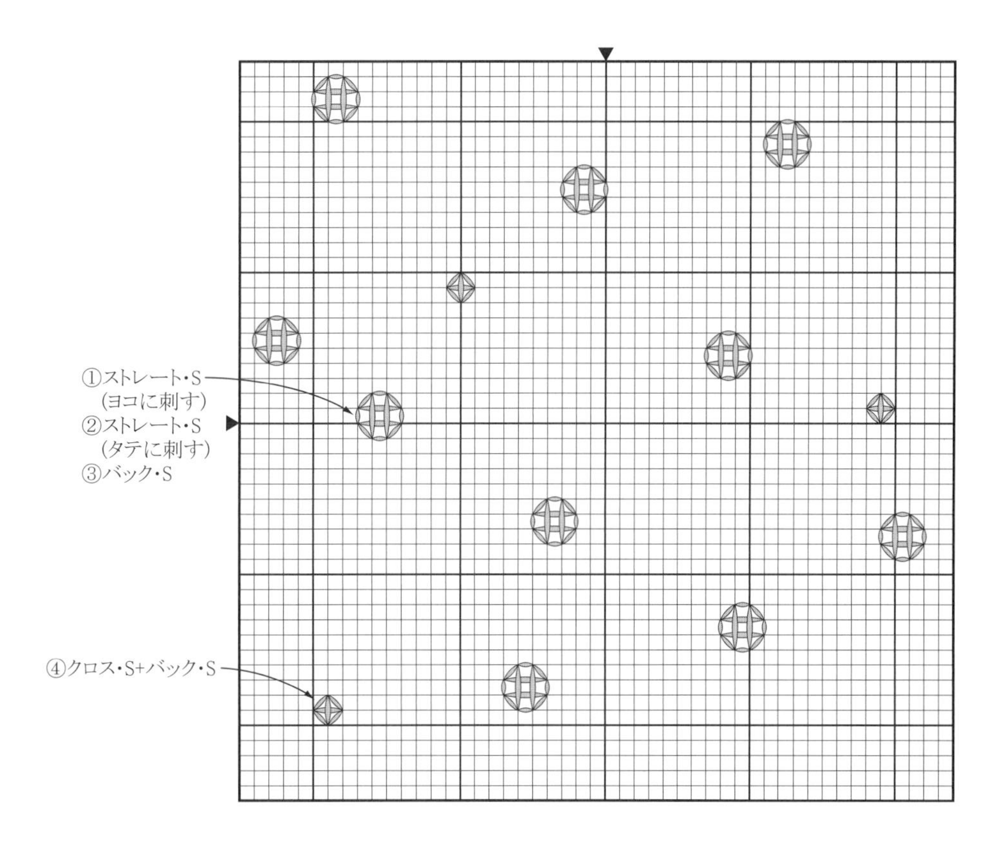

書架

口絵 p 42

材料
布 / コスモ65100番ジャバクロス65
　(10オフホワイト) 15×15cm
糸 / コスモ25番刺しゅう糸
　ブルー2212、562

＊布目の間にも刺しているので、フランス刺しゅう針を
　使用すると良いでしょう

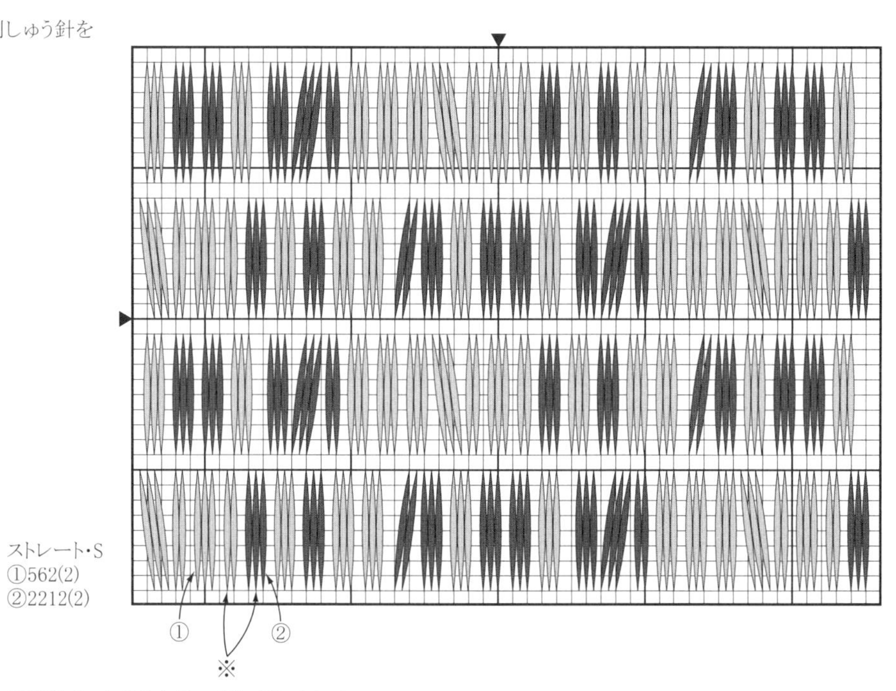

※部分は、布目と布目の間に刺し入れる

そろばん玉

口絵 p 43

材料

布 / コスモ65100番ジャバクロス65
　（10オフホワイト）15×15cm

糸 / コスモ25番刺しゅう糸
　茶466　黄701

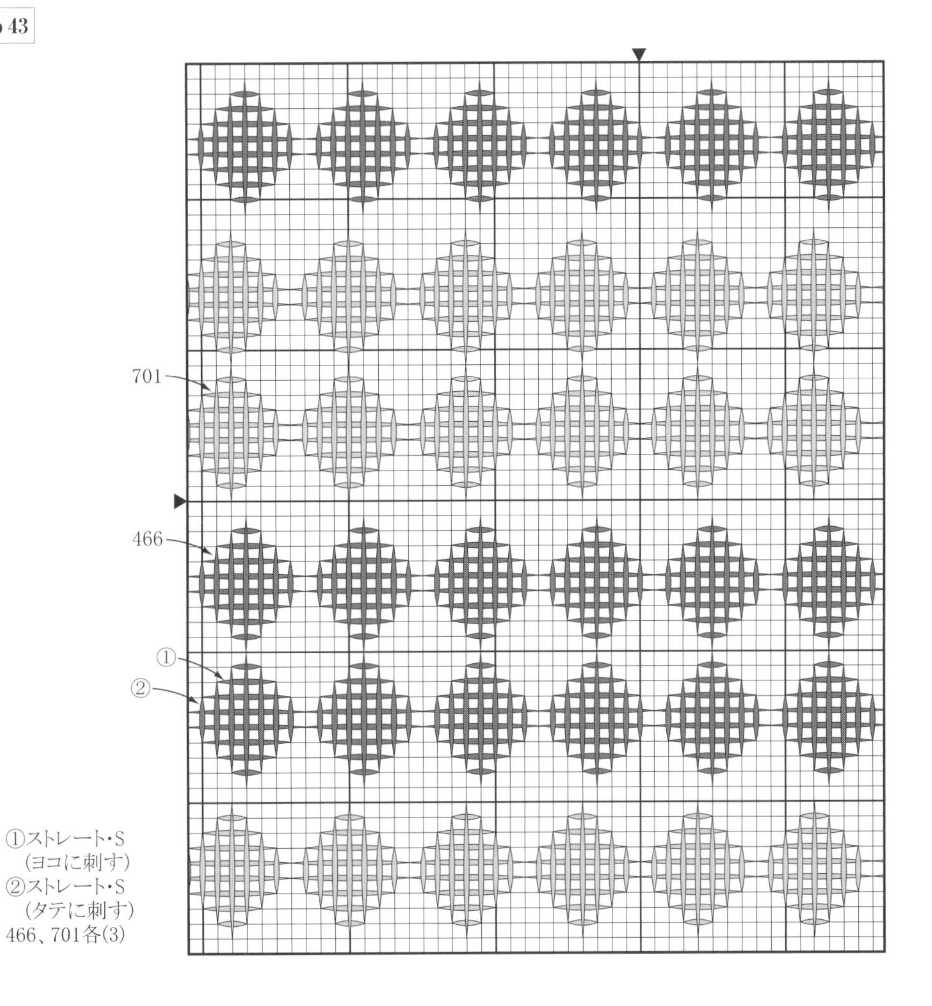

がま口「むくげ」 口絵p4

＊刺し方は、54頁に掲載
＊仕立て方は、84頁に掲載

材料
布／麻布(サックス) ヨコ30×タテ15cm
　　裏布用木綿地　ヨコ30×タテ15cm
糸／コスモ25番刺しゅう糸
　　ブルー166　黄2702　白2500
その他／8cm巾丸型口金 1個、紙ひも 適宜、
　　接着芯 ヨコ30×タテ15cm

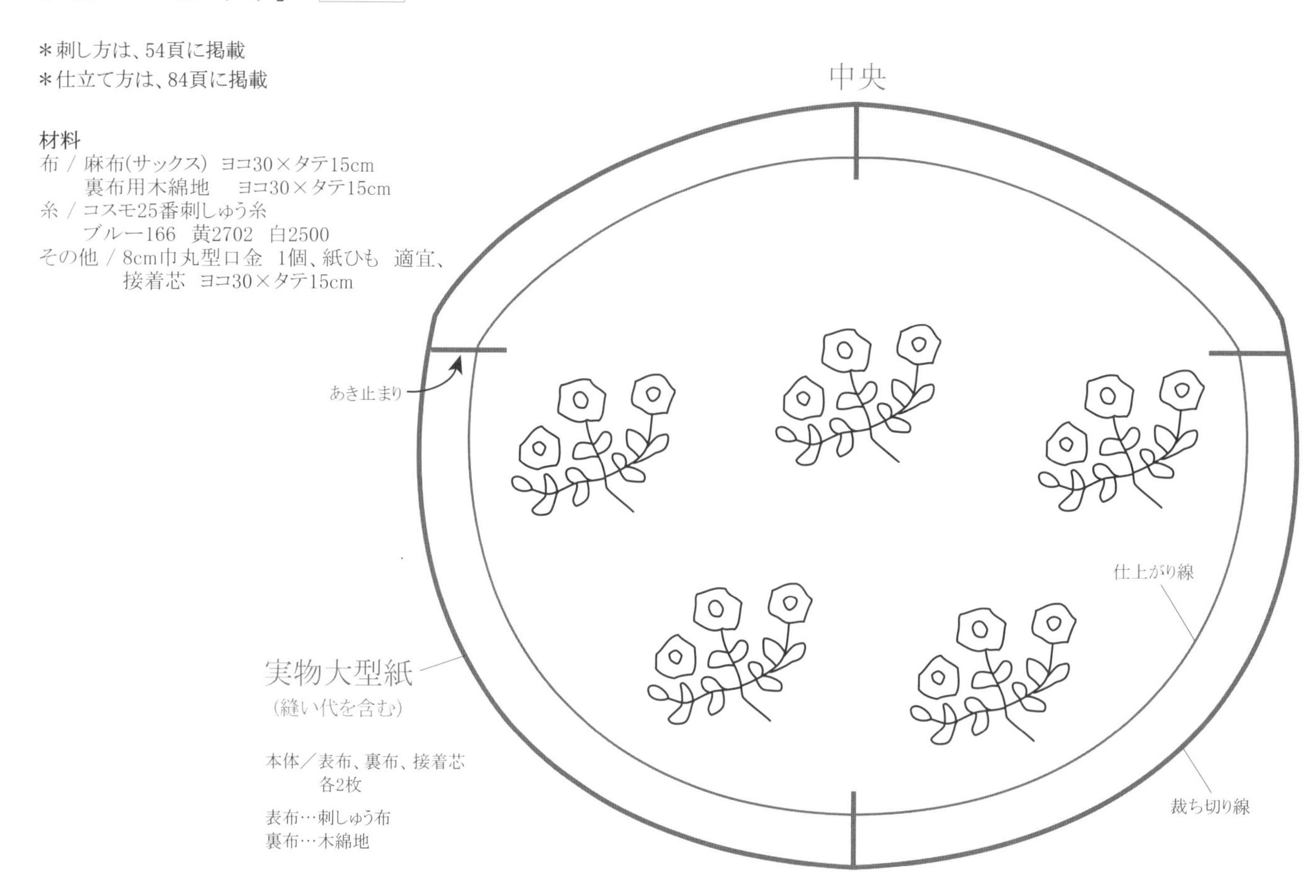

本体／表布、裏布、接着芯
　各2枚

表布…刺しゅう布
裏布…木綿地

がま口「押し花」 口絵p5

＊刺し方は、57頁に掲載
＊仕立て方は、84頁に掲載

材料

布 / 麻布(マスタード) ヨコ30×タテ15cm
裏布用木綿地 ヨコ30×タテ15cm
糸 / コスモ25番刺しゅう糸 白500
その他 / 8cm巾丸型口金 1個、紙ひも 適宜、
接着芯 ヨコ30×タテ15cm

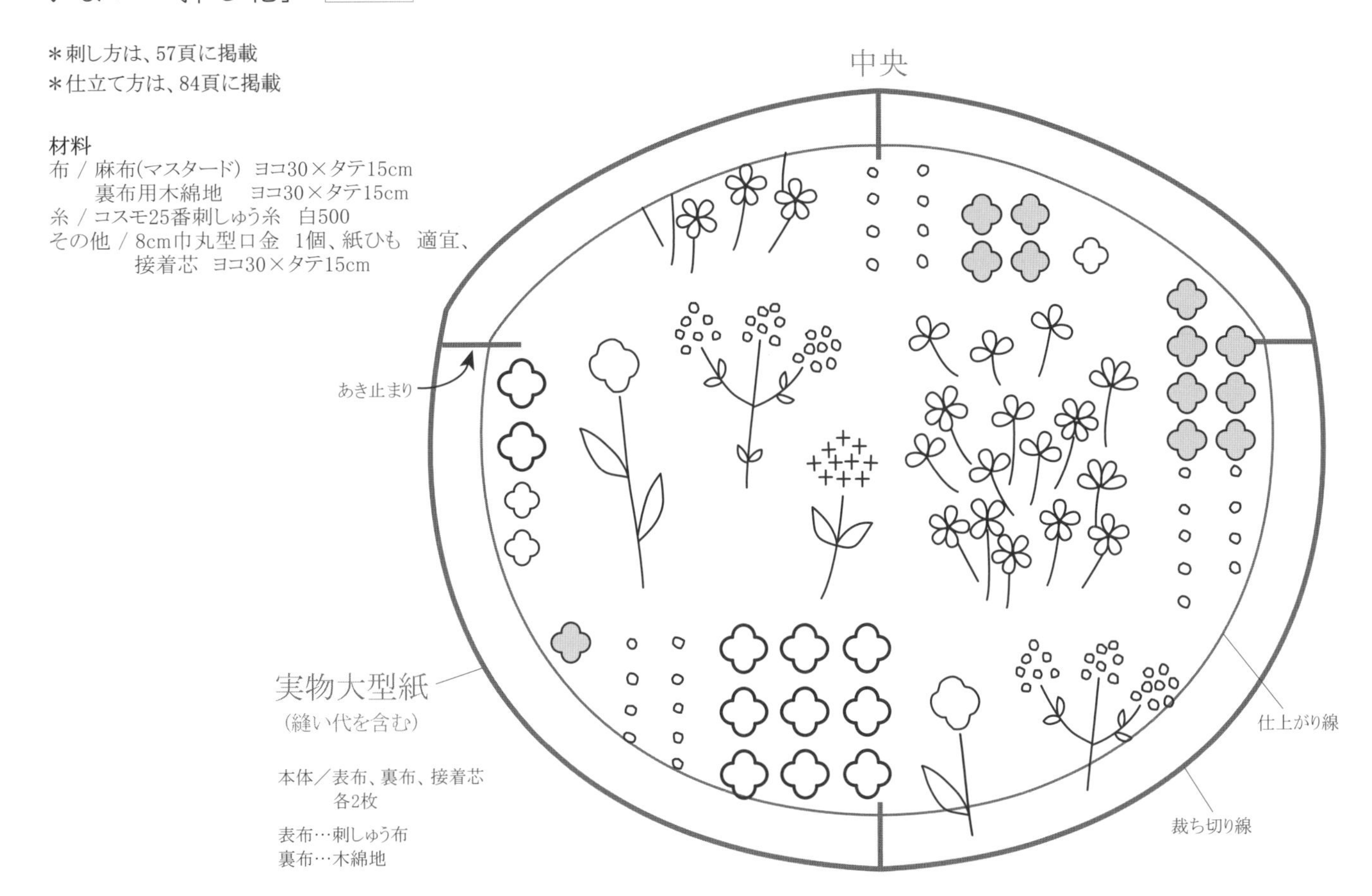

がま口「むくげ」「押し花」 口絵 p 4/p5

＊図案は、82、83頁に掲載

仕立て方

①表布前面に刺しゅうをし、表布前面、
表布後面の裏に接着芯を貼る

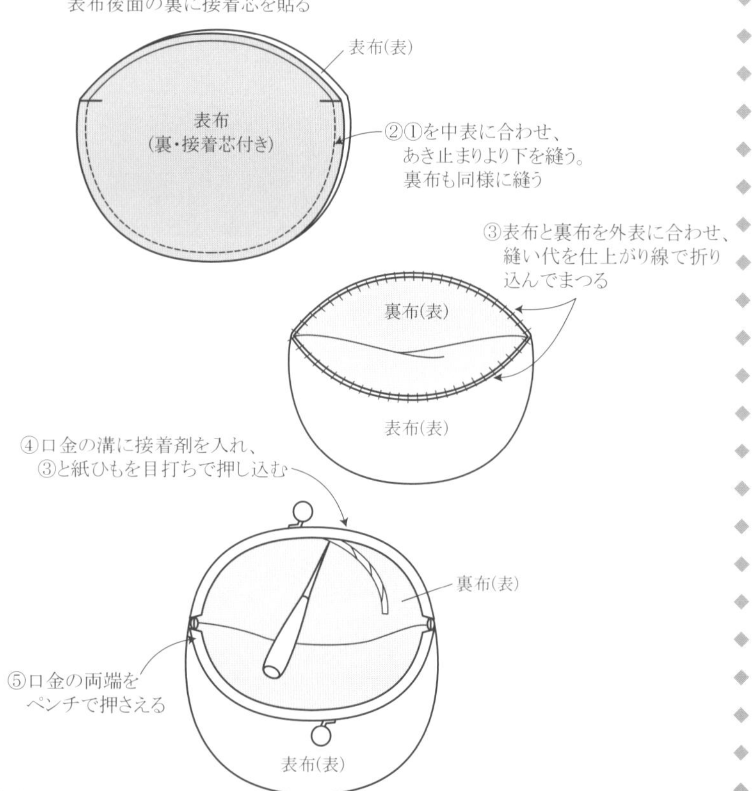

小物入れ「木いちご」「はこべ」 口絵 p 8/p9

＊図案は、85、86頁に掲載

仕立て方

①表布に刺しゅうをし、裁ち切り線に合わせカットする
②厚紙、キルト芯を型紙に合わせカットする
③①の縫い代をぐし縫いする

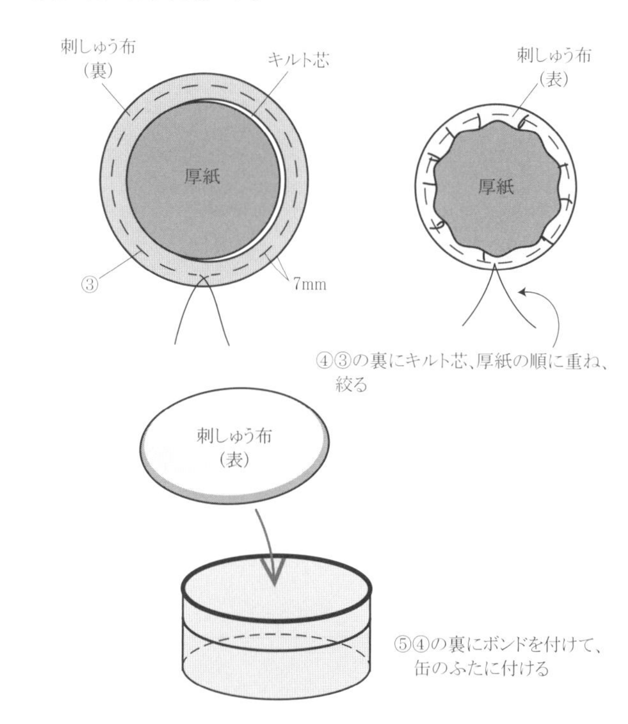

小物入れ「木いちご」 口絵p8

＊刺し方は、59頁に掲載
＊仕立て方は、84頁に掲載

材料

布 / コスモ1700番フリーステッチ用コットンクロス
(93ペールグレー) 15×15cm
糸 / コスモ25番刺しゅう糸
赤857 ブルー983
その他 / 市販の缶の小物入れ[直径:約9cm]
[刺しゅう面:直径8.7cm]、
厚紙10×10cm、キルト芯 同寸

＊作品作りに入る前に、市販の缶の小物入れを先に購入し、図案の大きさを合わせてから刺し始めるとよいでしょう

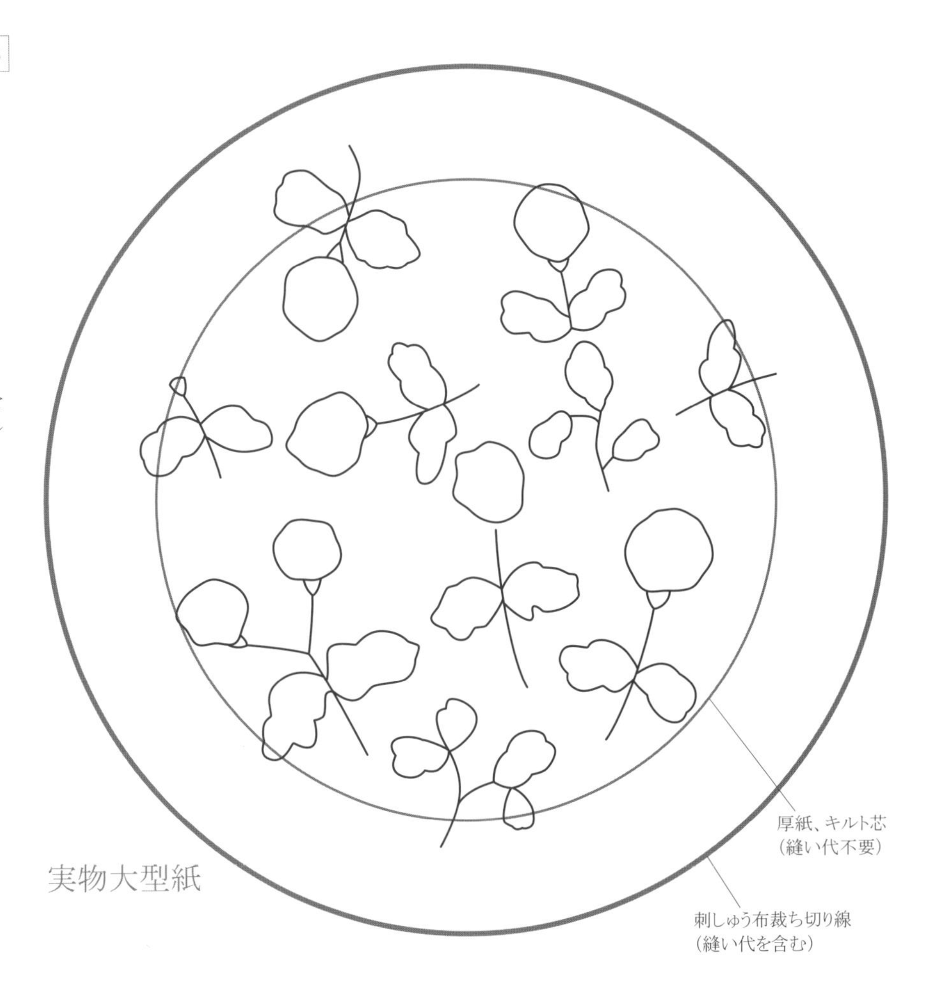

実物大型紙

小物入れ「はこべ」 口絵 p 9

＊刺し方は、58頁に掲載
＊仕立て方は、84頁に掲載

材料
布 / コスモ1700番フリーステッチ用コットンクロス
　(90ビンテージブルー) 15×15cm
糸 / コスモ25番刺しゅう糸
　黄2702　ブルー980　グリーン2013
その他 / 市販の缶の小物入れ[直径:約9cm]
　[刺しゅう面:直径8.7cm]、
　厚紙10×10cm、キルト芯　同寸

＊作品作りに入る前に、市販の缶の小物入れを先に購入し、図案の大きさを合わせてから刺し始めるとよいでしょう

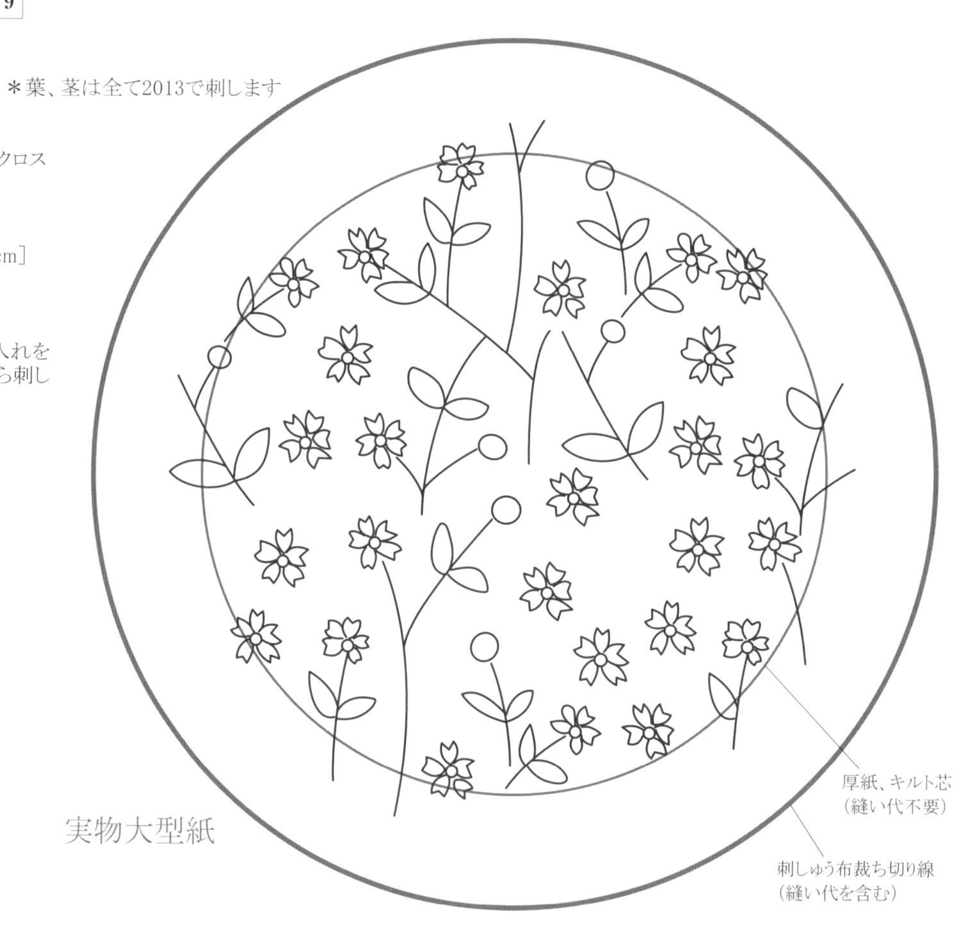

タオルハンカチ「音色」「はなます」 口絵p13

＊刺し方は、60、61頁に掲載

材料「音色」
布 / 市販のタオルハンカチ(白) 1枚
糸 / コスモ25番刺しゅう糸 ブルー2212 グリーン326・327 白2500
「はなます」
布 / 市販のタオルハンカチ(黄緑) 1枚
糸 / コスモ25番刺しゅう糸 グリーン2118 ピンク424 白2500

＊写真参照の上、図案を配置します

「音色」

「はなます」
＊葉は2118で刺します

ブックカバー「雪夜」「ゆきだま」 口絵p12

＊材料、図案は、88、89頁に掲載

裁ち方図

単位:cm

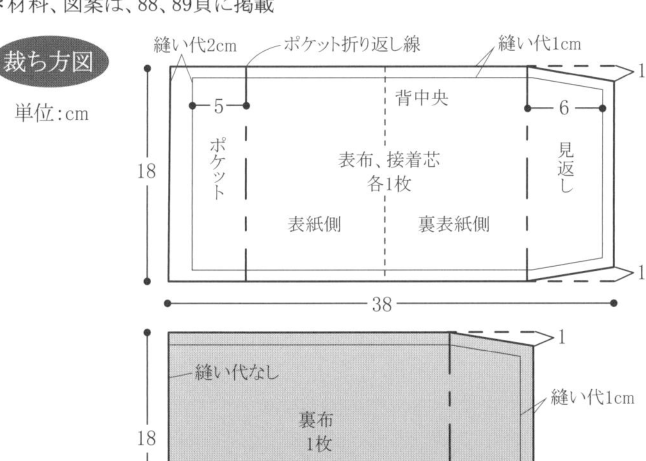

表布…刺しゅう布
裏布…木綿地

仕立て方

①表布に刺しゅうする。
②①の裏に接着芯を貼る
③ポケット口の縫い代を1cm巾の3つ折りにし、ミシンをかける
④③をポケット折り返し線で中表に折る
⑤④と裏布を図のように重ね、間に見返し押さえ用リボンを挟み込み、ポケット側以外の三方を縫い合わせて、表に返す。

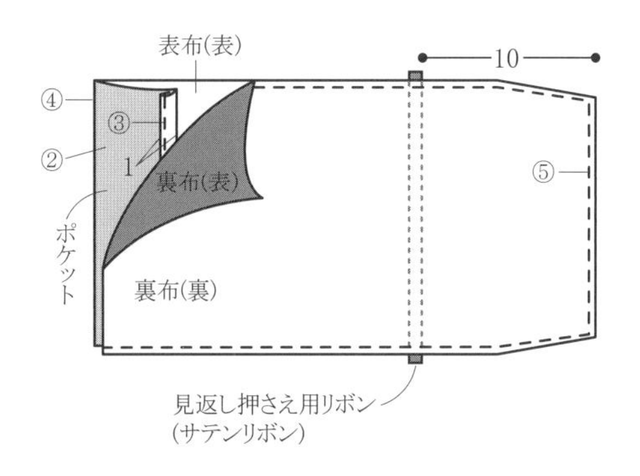

ブックカバー「雪夜」 口絵 p 12

＊刺し方は、79頁に掲載
＊仕立て方は、87頁に掲載

材料

布 / コスモ65100番ジャバクロス65
　(1ブラック) ヨコ40×タテ20cm、
　裏布用木綿地 ヨコ35×タテ20cm
糸 / コスモ25番刺しゅう糸 白500
その他 / 1.5cm巾サテンリボン 20cm、
　接着芯 ヨコ40×タテ20cm

＊裏表紙側は、表紙側の模様をくり返して刺します

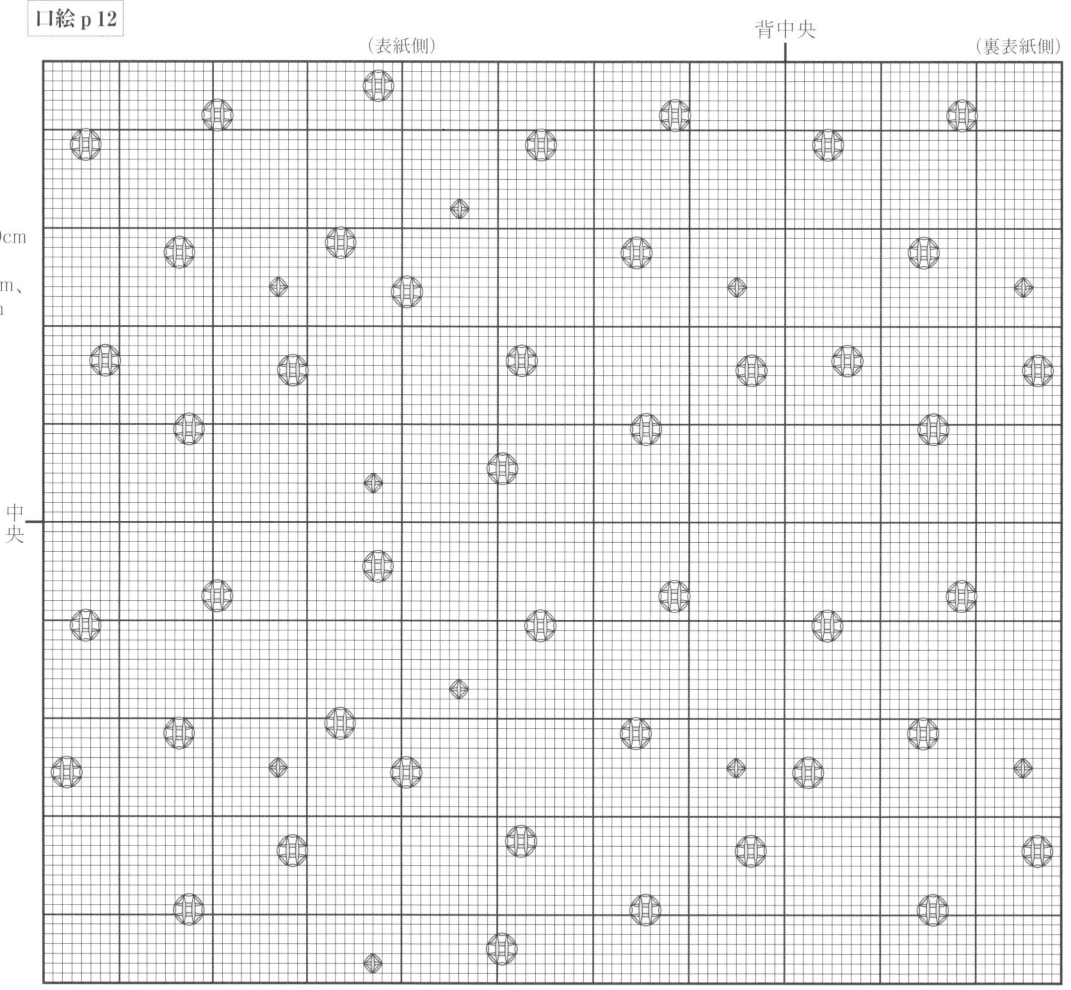

ブックカバー「ゆきだま」 口絵 p 12

＊刺し方は、78頁に掲載
＊仕立て方は、87頁に掲載

材料
布 / コスモ65100番ジャバクロス65(89フローズンブルー) ヨコ40×タテ20cm、裏布用木綿地 ヨコ35×タテ20cm
糸 / コスモ25番刺しゅう糸 白500
その他 / 1.5cm巾サテンリボン 20cm、接着芯 ヨコ40×タテ20cm

＊裏表紙側は、表紙側の模様をくり返して刺します

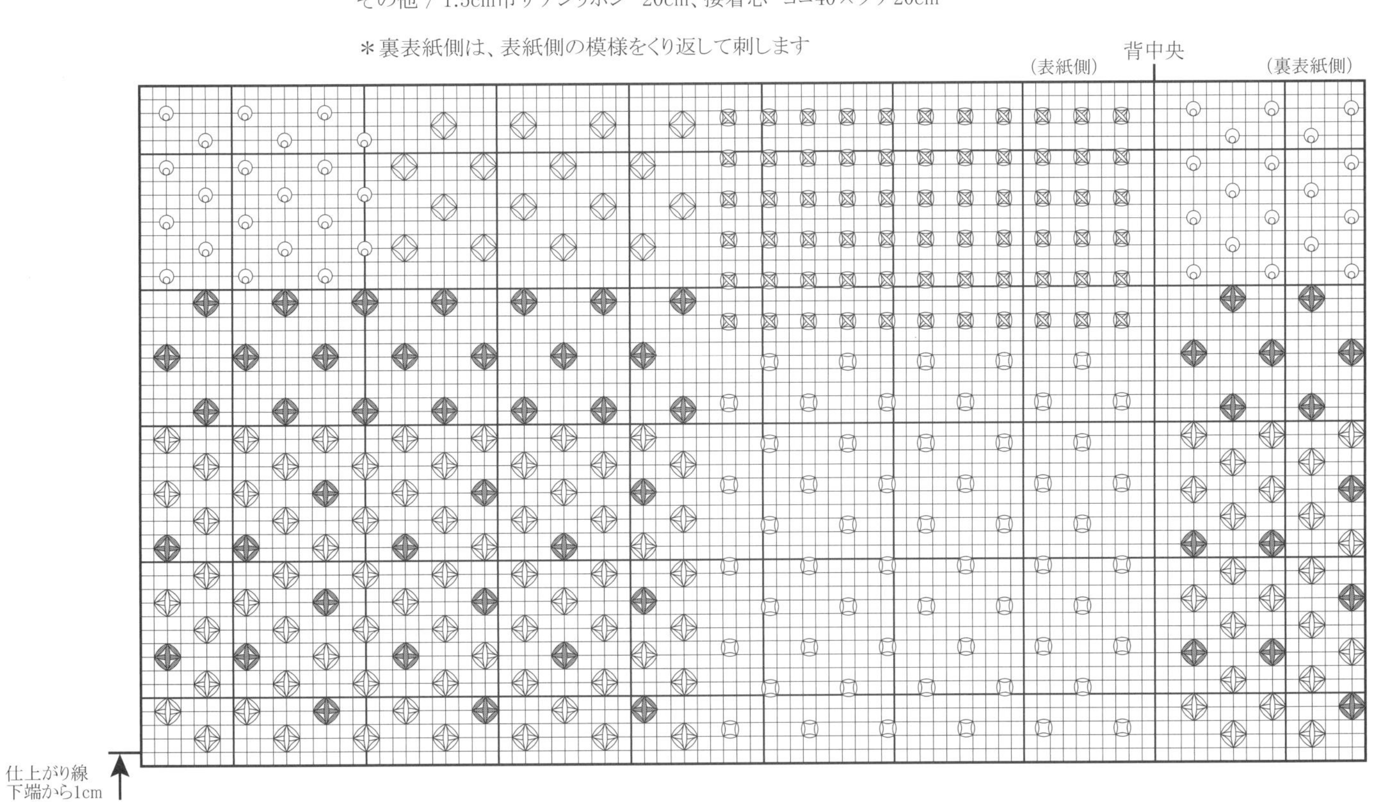

巾着袋「こはる」 口絵p6

＊刺し方は、55頁に掲載
＊仕立て方は、92頁に掲載

材料
布 / コスモ1700番フリーステッチ用
　　コットンクロス（41ターコイズグリーン）
　　ヨコ40×タテ30cm
　　裏布用木綿地　ヨコ20×タテ35cm
糸 / コスモ25番刺しゅう糸
　　黄143・145　グリーン325A・326
その他 / 6mm巾綿テープ（グリーン）　1m
＊仕上がりサイズ：ヨコ14.5×タテ18cm

仕上がり線

巾着袋「すずらん」

口絵p7

＊刺し方は、68頁に掲載
＊仕立て方は、92頁に掲載

材料
布 / 麻布(マスタード)
ヨコ40×タテ30cm
裏布用木綿地
ヨコ20×タテ35cm
糸 / コスモ25番刺しゅう糸
茶718　白500
その他 / 6mm巾綿テープ(生成)
1m
＊仕上がりサイズ：
ヨコ14.5×タテ18cm

仕上がり線

巾着袋「こはる」「すずらん」 口絵 p 6/p7

＊図案は、90、91頁に掲載

裁ち方図 単位:cm

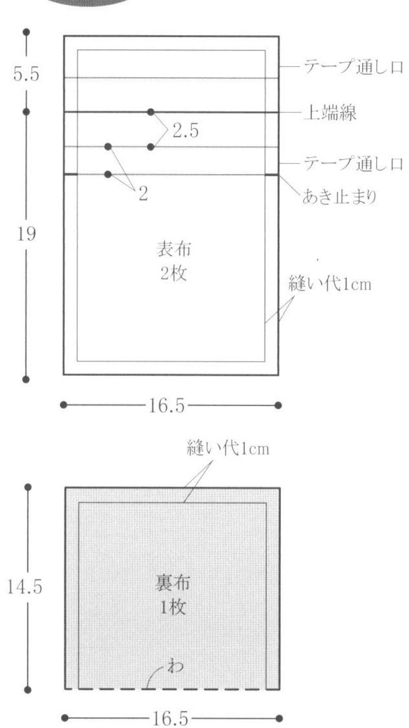

表布…刺しゅう布
裏布…木綿地

仕立て方

①表布前面に刺しゅうする
②①と表布後面を中表に合わせ、あき止まりから下を縫う
③裏布も②と同様にして内袋を作る
④②の縫い代を割り、上端線から外表に折りアイロンをかける
⑤④の袋口を上端線から折ってミシンを2本かけ、テープ通しを作る
⑥⑤を表に返し、上端の縫い代を折り込んだ③を入れ、ミシン目のきわにまつりつける
⑦⑥のテープ通しの上の部分(4ケ所)を、それぞれコの字とじで縫い合わせる(別図参照)
⑧テープ通し口に綿テープ(40cm×2本)を両側から通し、結ぶ

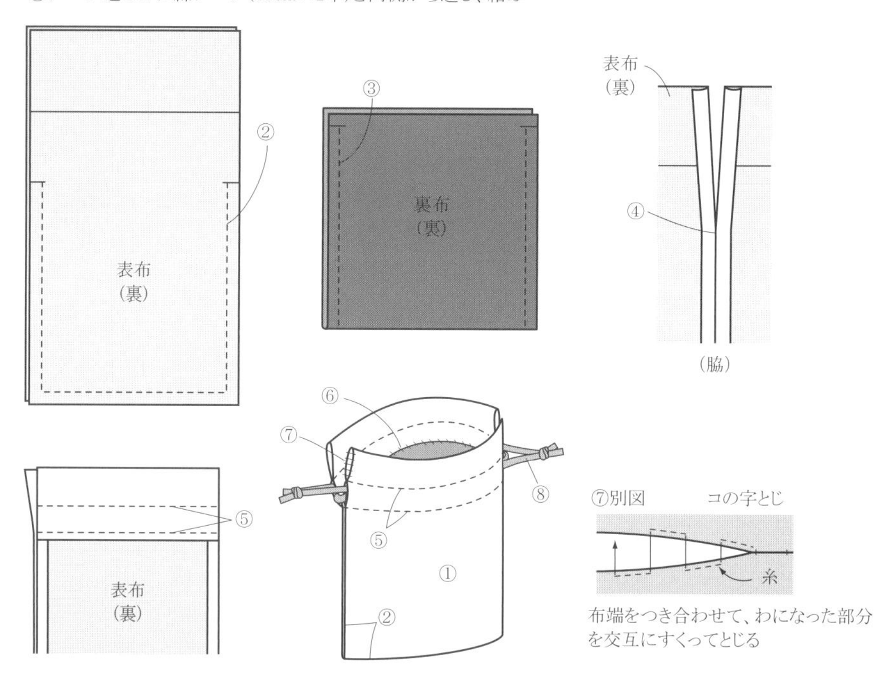

布端をつき合わせて、わになった部分を交互にすくってとじる

ミニバッグ「夜想曲」 口絵 p 10

＊図案は、94頁に掲載

材料

布 / 麻布(グリーン) ヨコ70×タテ35cm、
裏布用木綿地 ヨコ50×タテ30cm
糸 / コスモ25番刺しゅう糸
金茶774 黒600
その他 / 接着芯 ヨコ45×タテ25cm

裁ち方図

単位:cm

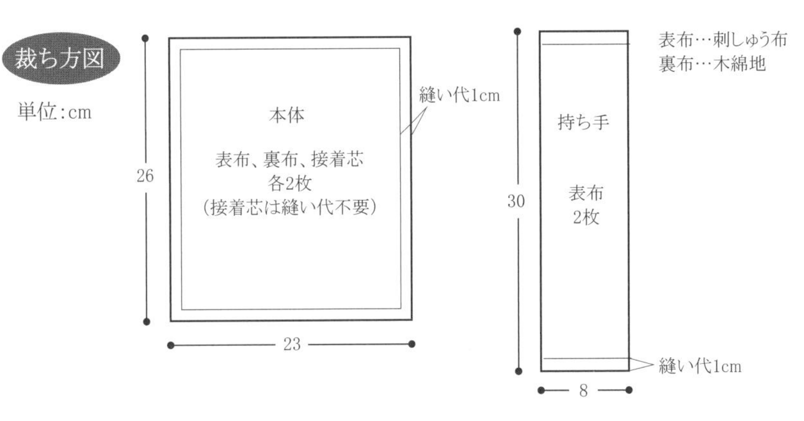

仕立て方

①表布前面に刺しゅうする
②表布(前、後面)の裏に接着芯を貼る
③持ち手用の布を図のように四つ折りにし、端にミシンをかけ、持ち手を2本作る

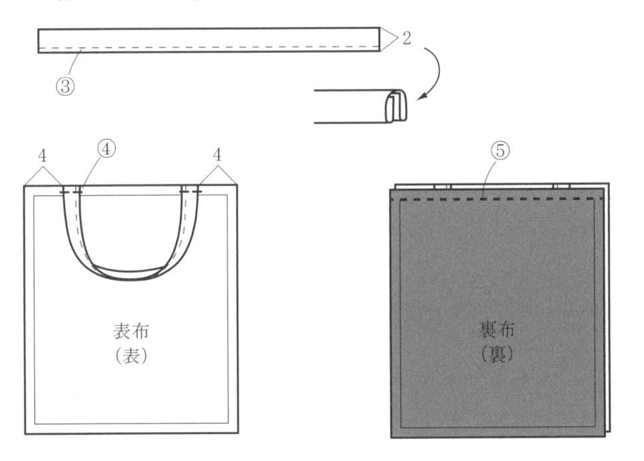

④表布(前面)の指定の位置に持ち手を仮止めする
後面も同様にする

⑤④の表面に裏布を中表に重ね、上部分を縫う。これを2組作る

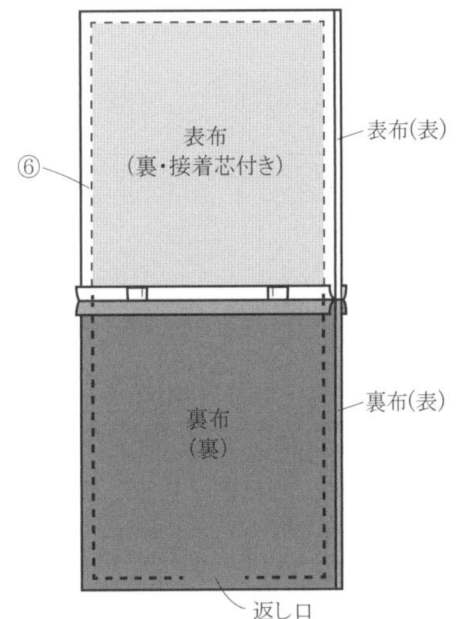

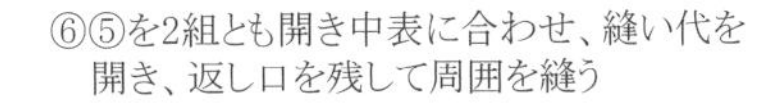

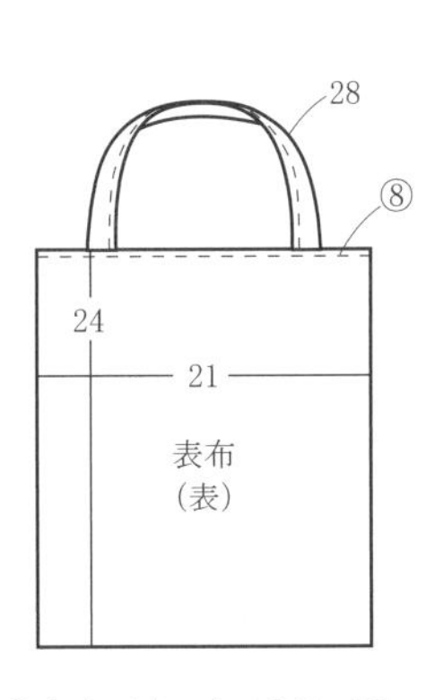

⑥⑤を2組とも開き中表に合わせ、縫い代を開き、返し口を残して周囲を縫う

⑦返し口から表に返し、裏布が表になる状態にして、返し口をとじ合わせる

⑧表布が表になるように返し、袋口に端ミシンをかけ

中央

ミニバッグ「夜想曲」 口絵 p 10

＊刺し方は、72頁に掲載
＊材料、仕立て方は、93頁に掲載

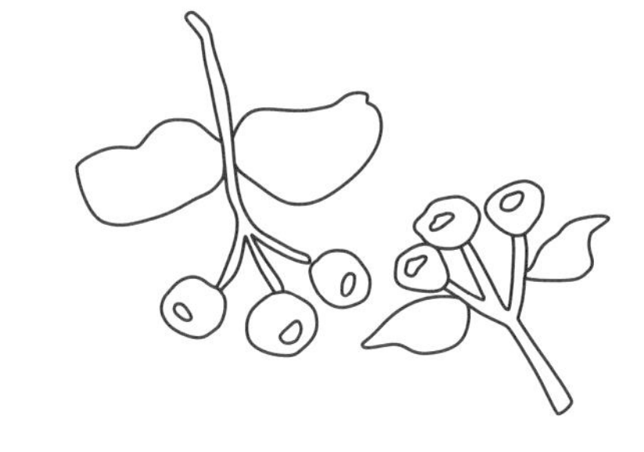

中央

95頁につづく ◆

94頁のつづき ◆

ポーチ「十二花譜」 口絵p11

＊刺し方は、73頁に掲載

材料

布 / 麻布(赤) ヨコ25×タテ40cm、
　　裏布用木綿地 ヨコ25×タテ40cm
糸 / コスモ25番刺しゅう糸
　　赤858 白2500
その他 / 接着芯 ヨコ25×タテ40cm

裁ち方図 単位:cm

表布
裏布
接着芯
各1枚
(接着芯は縫い代不要)

表布…刺しゅう布
裏布…木綿地

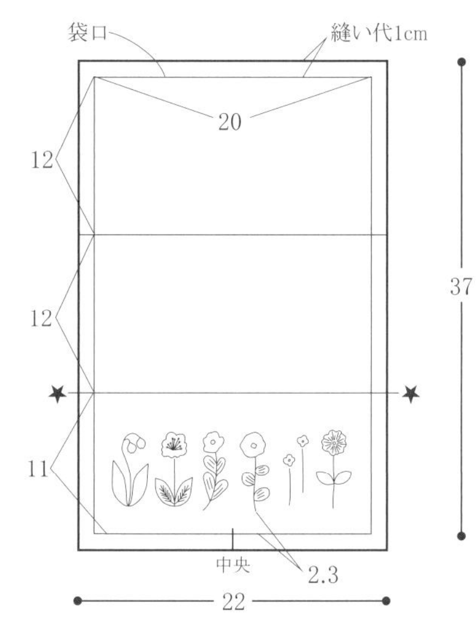

＊2500以外は全て858で刺します

中央

仕立て方

①表布に刺しゅうをし、裏に接着芯を貼る

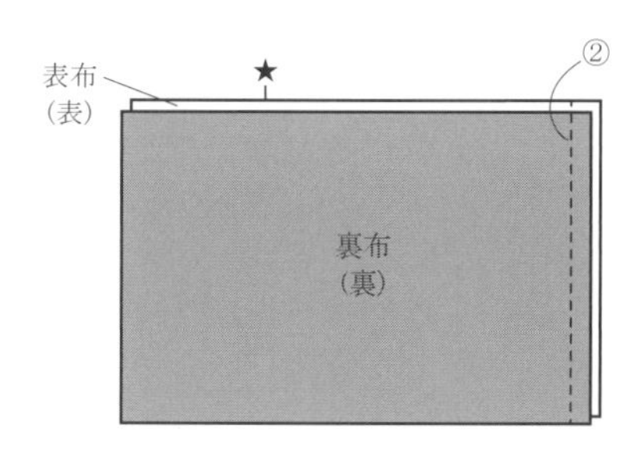

②①と裏布を中表に合わせ、袋口側を縫う

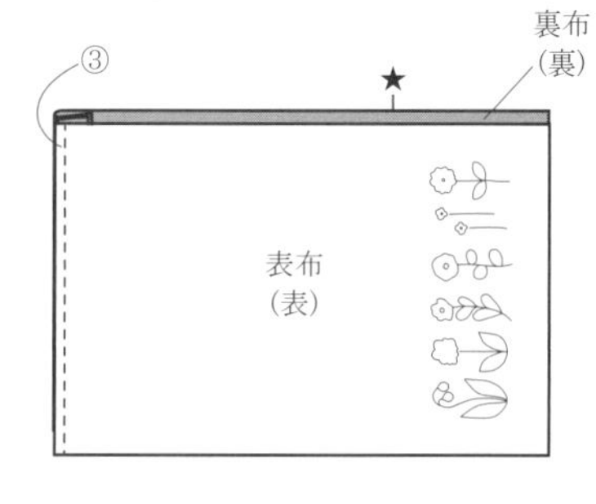

③②を表に返し、アイロンをかけ、
表からステッチをかける

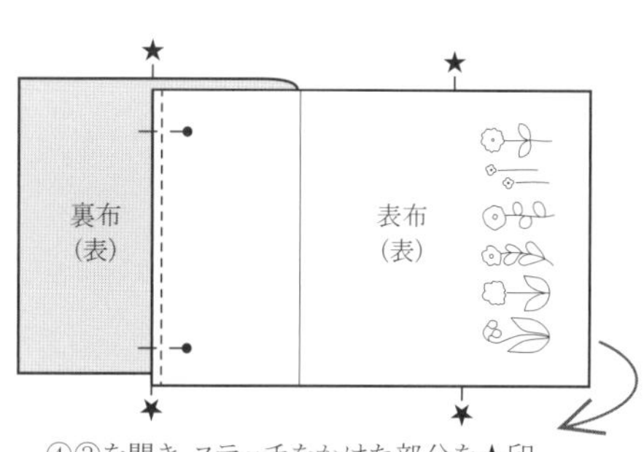

④③を開き、ステッチをかけた部分を★印
に合わせ、まち針等でとめる

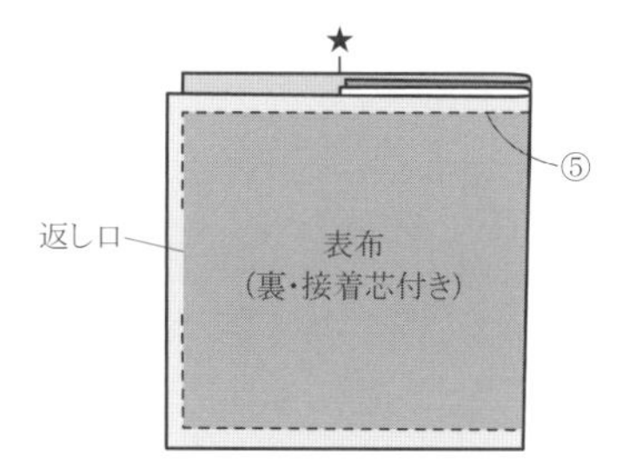

⑤表布の★印も合わせて折り、返し口
を残して3辺を縫う

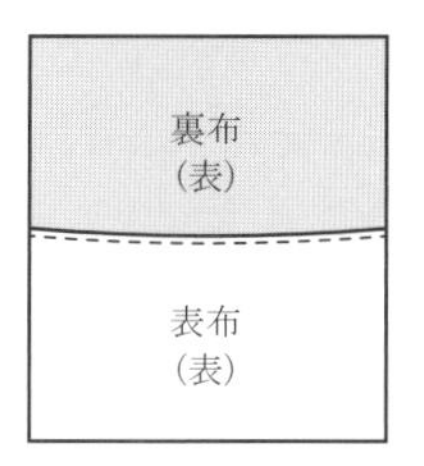

⑥表に返し、形を整えてアイロンをかける

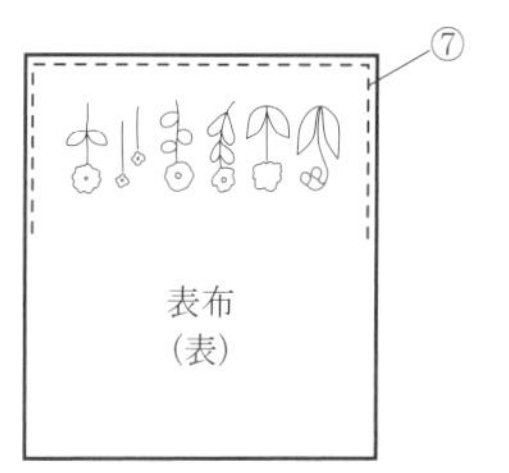

⑦表からふたの部分にステッチをかける

がま口「野花刺繍」 口絵 p 16

＊刺し方は、53頁に掲載

材料

布 / コスモ1700番フリーステッチ用コットンクロス
　(93ペールグレー) ヨコ60×タテ15cm
　裏布用木綿地 ヨコ60×タテ15cm

糸 / コスモ25番刺しゅう糸
　ブルー732 ピンク814 白2500

その他 / 18cm巾角型口金 1個、紙ひも 適宜、
　接着芯 ヨコ60×タテ15cm

本体／表布、裏布、接着芯 各2枚

表布…刺しゅう布
裏布…木綿地

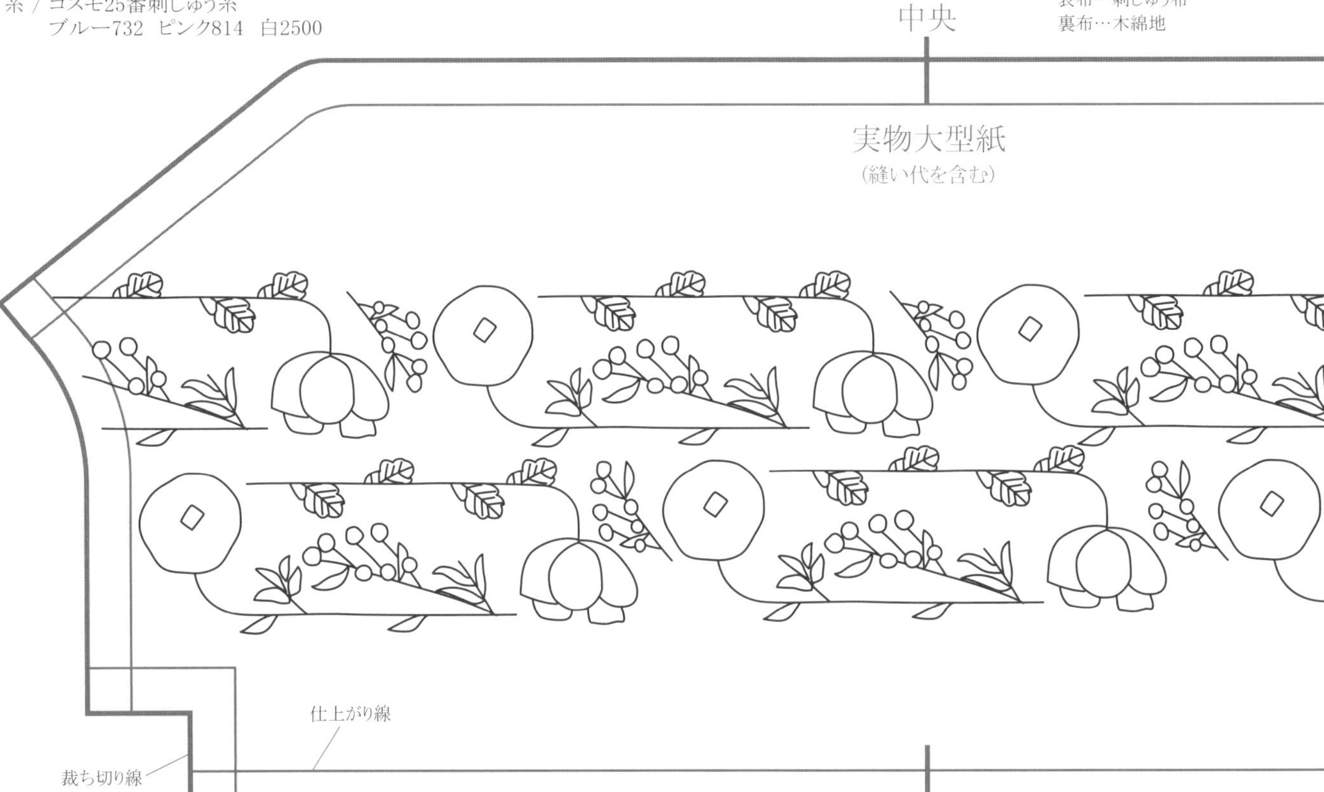

仕立て方

①表布前面に刺しゅうをし、表布前面、表布後面の裏に接着芯を貼る
②①を中表に合わせ、底と脇を縫う
③縫い代を割ってマチを縫う
④裏布も同様に縫う
⑤表布と裏布を外表に合わせ、縫い代を仕上がり線で折り込んで袋口をまつる
⑥口金の溝に接着剤を入れ、口金の中心と⑤の中心、脇を合わせ、紙ひもと共に目打ちで押し込む
⑦口金の両端をペンチで押さえる

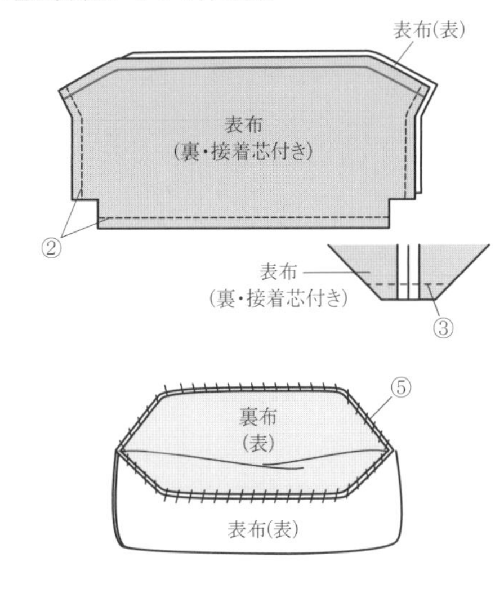

戸塚刺しゅう×星燈社　星あかりの刺繍手帖 2

2023年3月20日　初版第1刷発行

■編集人　岩永 幸

■発行人　戸塚康一郎

■発行所　株式会社 啓佑社

〒112-0014　東京都文京区関口 1-8-6 メゾン文京関口Ⅱ 403号
TEL.03-3268-2418(代表)　FAX.03-3267-0949

■印刷　モリモト印刷株式会社

ホームページ　http://www.keiyu-sha.co.jp/

Staff

企画／株式会社 啓佑社
企画協力／戸塚 薫
図案／株式会社 星燈社
作品制作／有住 昌子　加藤 正恵　株式会社 啓佑社
撮影／木下 大造
スタイリング／西森 萌
ブックデザイン／セントラル印刷株式会社
協力／株式会社ルシアン
作品仕立て／保立 恵美子
編集担当／大阿久 綾乃

https://www.instagram.com/keiyusha/